POINTS AVENTURE
un esprit de liberté

UNE COLLECTION DIRIGÉE PAR PATRICE FRANCESCHI

Il y a 2 500 ans, Pindare disait : « N'aspire pas à l'existence éternelle mais épuise le champ du possible. » Cette exhortation à un dépassement de la vie était aussi un appel à la liberté et aux liens qui l'unissent à l'esprit d'aventure.
Vingt-cinq siècles plus tard, l'énergie vitale de Pindare ne serait-elle pas un remède au désenchantement de nos sociétés de plus en plus formatées et encadrées ? Et l'esprit d'aventure l'un des derniers espaces de liberté où il serait encore possible de respirer à son aise, d'agir et de penser par soi-même ?
C'est sans doute ce que nous disent les livres qui, associant aventure et littérature, tentent de transformer l'expérience en conscience.

Patrice Franceschi

ARTHUR ROSTRON, LE SAUVEUR DU *TITANIC*

Bernard Marck

ARTHUR ROSTRON, LE SAUVEUR DU *TITANIC*

INÉDIT

Éditions Points

ISBN 978-2-7578-9493-4

À la mémoire de mon cher Papa
et de ma chère Maman
À ma famille
À Catherine

Avertissement

« Un héros, c'est celui qui fait ce qu'il peut. »

Romain Rolland,
Jean-Christophe

Le héros par vocation n'existe pas, sinon dans les romans ou chez les inconscients qui rêvent de gloire.

Le héros véritable est au quotidien un être normal, peut-être même banal, dont il arrive que les défauts et les imperfections s'inclinent devant sa volonté et s'abolissent pour affronter une situation exceptionnelle, susceptible d'exposer sa vie à des risques mortels.

Le vrai héros ne se revendique jamais comme tel. S'il y est contraint, il déclare, avec une humilité non feinte, qu'il n'a fait que son devoir, un devoir que lui impose sa conscience.

Pas un seul instant, au cours de la nuit du 14 au 15 avril 1912, Arthur Rostron, capitaine du *Carpathia*, un navire de la compagnie britannique Cunard, n'a hésité à détourner son vaisseau pour foncer au secours du *Titanic*, en dépit du danger que représentaient dans les ténèbres les icebergs et les glaces flottantes, aux rebords parfois aiguisés comme des lames de rasoir.

Par la suite, cet homme de foi réservé se défendra d'avoir accompli un exploit, ne cessant d'ailleurs d'associer son équipage et son navire à son intervention qualifiée de miraculeuse. Plus tard, sa famille éprouvera même les plus grandes difficultés à recueillir de sa bouche le déroulement de ce sauvetage extraordinaire qu'il a mené et maîtrisé de bout en bout.

Qu'il le veuille ou non, Rostron est un héros, auquel 705 passagers et membres d'équipage du *Titanic* doivent d'avoir eu la vie sauve, et un avenir. Le chiffre donne le vertige : 705 ! Pourtant, le capitaine se sentait tellement responsable des vies à arracher à la mer qu'il a toujours déploré de n'avoir pu sauver le 706e rescapé, hissé vivant à bord de son navire, mais décédé peu après.

Depuis cet événement, d'autres drames ont secoué le monde, allant jusqu'à le faire vaciller lors des deux guerres mondiales et des crises qui ont suivi. Malgré tout, le nom du *Titanic* fascine et surnage, bien visible, dans le flot incessant de l'Histoire. Comment ne frapperait-il pas les esprits quand on sait que ce fier navire, qualifié d'insubmersible, effectuait son voyage inaugural entre Southampton et New York, avec le gratin de l'élite mondiale des affaires et des centaines de migrants à son bord ? Comment ne pas se sentir emporté par le tourbillon des témoignages ? Il en a résulté une légende, et l'on sait que les légendes défient le temps, surtout quand elles reposent sur des vérités.

Le *Titanic* a fait couler beaucoup d'encre – avec plus ou moins de bonheur – et a eu les honneurs du cinéma à plusieurs reprises, sans cependant accorder au capitaine du *Carpathia* la place majeure qui lui revient : si Rostron avait poursuivi sa route et négligé le premier signal de détresse CQD du *Titanic* puis son SOS, il n'y aurait eu aucun survivant. Personne pour raconter les différentes péripéties de ce naufrage et sa cause. Celui-ci n'apparaîtrait aujourd'hui que sous la forme d'une simple ligne dans les statistiques des accidents majeurs de la mer – comme d'autres catastrophes de plus grande ampleur qui ont suivi, mais sans marquer autant la mémoire collective. Deux ans plus tard, le 29 mai 1914, l'*Empress of Ireland* entre en collision en pleine nuit avec un charbonnier norvégien, le *Storstad* ; le paquebot bascule et coule au fond du fleuve Saint-Laurent en seulement quatorze minutes. C'est la plus grande tragédie maritime ayant eu lieu dans les eaux canadiennes, avec 1 012 victimes, dont 134 enfants. Il n'y a que 465 survivants. Le 7 mai 1915, le paquebot britannique *Lusitania* est torpillé par un sous-marin allemand, faisant 1 198 morts. Les passagers du navire étaient des civils. Par son retentissement, ce naufrage sera l'un des facteurs déterminants de l'entrée en guerre des États-Unis, deux ans plus tard. Le pire survient le 30 janvier 1945, lorsque le *Wilhelm Gustloff* est torpillé dans la mer Baltique par un sous-marin soviétique : 9 343 passagers périssent, dont près de 5 000 enfants, essentiellement des civils allemands fuyant l'avancée de l'Armée rouge. C'est, à ce jour, la plus grande catastrophe navale, mais qui s'en souvient aujourd'hui ? Quant à la tragédie du *Doña Paz*, le 20 décembre 1987, elle pourrait bien être l'accident maritime le plus meurtrier en temps de paix. Lorsque le ferry philippin entre en collision avec un pétrolier, le *Vector*, celui-ci prend feu et l'incendie se propage au *Doña Paz*. Captives dans un bateau englué sur une mer de pétrole enflammée, plus de 4 000 personnes périssent carbonisées ou noyées. Officiellement : 1 586 morts, le navire étant autorisé à un maximum de 1 518 personnes mais en réalité en surcharge. Officieusement : 4 375 victimes et 26 survivants. Plus près de nous, le 26 septembre 2002, le traversier sénégalais *Joola* disparaissait au large des côtes de Gambie. Officiellement, ce désastre a fait 1 863 morts et disparus, officieusement plus de 2 000 victimes, un bilan aussi dramatique que consternant quand on sait que ce modeste navire ne pouvait emporter que 550 passagers.

La liste de naufrages de loin plus funestes que celui du *Titanic* s'allonge, mais c'est pourtant ce dernier que la postérité a retenu en raison de ses circonstances uniques : un navire insubmersible et une traversée inaugurale. Mais ce qui retentit encore aujourd'hui, c'est surtout sa dimension humaine, brillamment illustrée par le comportement du capitaine Rostron. Ôtez ce nom de l'histoire du *Titanic*, et vous n'avez plus d'histoire.

1. Le *Carpathia*

« Mais la mer, dans les ténèbres,
semblait faire assaut de toutes parts
pour le retenir et le perdre. [...]
Le navire était comme une créature vivante,
livrée à la rage d'une populace :
bousculé, frappé, soulevé, culbuté, écrasé. »

Joseph Conrad,
Au cœur des ténèbres

Le 13 avril 1912, le nom de *Carpathia* ne signifie encore rien au regard de l'actualité mondiale. Ce paquebot assure tranquillement son service régulier entre les États-Unis et la Méditerranée.

C'est à peine si on le remarque. Certes, il arbore les couleurs de la prestigieuse Cunard ; certes, il n'a rien d'une barcasse souffreteuse avec sa haute cheminée rouge à manchette et bandes noires, ses quatre mâts et ses 13 555 tonneaux de jauge brute ; mais il ne figure pas parmi les géants de la mer que l'on admire alors, à l'image du *Mauretania*, le plus beau, le plus majestueux, le plus rapide de la compagnie – une compagnie qui a le vent en poupe, notamment en assurant les services maritimes réguliers entre Liverpool et New York avec une flotte composée notamment du *Mauretania*, mais aussi du *Lusitania*, du *Caronia*, du *Carmania* et du *Campania*, auxquels viennent de s'ajouter les tout récents *Franconia* et *Laconia*. Il s'agit en effet, pour la Cunard, de relever le défi lancé par la White Star Line, le pavillon concurrent qui aligne de grands paquebots, en tête desquels l'*Olympic*, le *Titanic* et le *Britannic* – lequel, en ce début de l'année 1912, s'appelle encore le *Gigantic*.

Resituons un peu le contexte : c'est en 1838 qu'est établie la Cunard. Avec l'évolution des flux migratoires vers les États-Unis, elle décide de créer des lignes qui prennent en charge les migrants ; ils sont essentiellement issus d'Autriche-Hongrie ou d'Italie, néanmoins le capitaine Rostron se souviendra qu'ils viennent en réalité de tout le pourtour méditerranéen : Croates, Grecs, Bulgares, Roumains…

Si, pour son premier voyage, le *Carpathia* relie Liverpool à Boston, le 5 mai 1903, il est rapidement réaffecté à la route de New York, et c'est dans la zone Méditerranée qu'il fera la plus grande partie de sa carrière.

Au départ, il comporte une seconde classe pour 200 passagers et une troisième classe pour 1 700 passagers, lesquels bénéficient d'un confort amélioré. Voilà qui séduit les migrants hongrois et italiens, peu habitués à de telles attentions. Les hommes ont accès à un salon fumoir tandis que les femmes peuvent se retrouver dans une salle qui leur est réservée. Les repas sont servis dans de véritables salles de restaurant et les migrants ont tout loisir de prendre l'air sur un pont-promenade abrité, ce qui est une innovation rare.

La présence de touristes sur des navires marque une évolution certaine de la notion de voyage : certains partent de Liverpool pour une croisière vers Gibraltar, l'Italie ou l'Égypte, avant le retour en Grande-Bretagne, ce qui, en 1905, amène la Cunard à réorganiser les classes à bord. Ainsi, la seconde classe passe de 200 à 50 passagers tandis qu'est créée une première classe pour 150 passagers.

De fait, si le trafic des migrants vers les États-Unis constitue une des plus importantes sources de profit pour la Cunard au cours de la décennie qui précède la Première Guerre mondiale, les profils des passagers qui effectuent le trajet inverse, vers l'Europe, se diversifient : des Américains, des Britanniques mais aussi d'anciens migrants en visite dans leurs pays d'origine entreprennent la traversée. Le *Carpathia* est bientôt au cœur de ce gigantesque dispositif. En une seule fournée, en avril 1906, le paquebot aura débarqué à New York 2 197 émigrants en provenance de Naples. Bien évidemment, les responsables de la Cunard veillent à ne pas trop mélanger les nationalités aux rapports explosifs pour éviter des conflits à bord. Si les passagers peuvent paraître calmes, il arrive que des disputes éclatent et dégénèrent en batailles au couteau. Le capitaine doit alors faire preuve de sévérité et isoler les protagonistes dans un recoin obscur de la cale avec les rats pour seule compagnie.

Soumis à une visite médicale avant d'embarquer, les migrants font également l'objet d'un contrôle strict au moment de leur arrivée à New York. Ces précautions s'imposent car on craint l'importation d'épidémies ; des décès surviennent parfois à bord pour cause de maladies. Le bateau fait d'abord escale à Staten Island pour la quarantaine et une inspection sanitaire d'une rare rigueur. Des heures peuvent s'écouler avant que le navire reçoive l'autorisation de procéder jusqu'aux quais de Manhattan. Les recalés sont rapatriés vers leur pays d'origine aux frais de la compagnie.

Des parents planifient la naissance de leur bébé à l'arrivée ou peu avant celle-ci pour être assurés qu'il obtienne la nationalité américaine. Ils pensent que les autorités sanitaires du pays d'accueil se montreront plus conciliantes dans leur cas. Une naissance sur un navire peut effectivement présenter des avantages : les parents peuvent consulter le médecin du bord gratuitement et même recevoir le fruit d'une quête réalisée par les passagers et les membres de l'équipage. Il est arrivé que certains parents baptisent leur enfant du nom du navire. Ce sera le cas de la petite Irene Carpathia Bodher, venue au monde au milieu de l'Atlantique et née de parents hongrois. Bien sûr, l'événement fait la joie des occupants du bâtiment.

Ce navire bien accueilli par les revues maritimes est sans doute assez lent, mais il pratique des tarifs abordables et jouit donc d'une excellente réputation de solidité et de confort, tant auprès de ses passagers que de son équipage. En février 1910, le *Carpathia* ajoute à son parcours habituel des escales en Espagne et en Afrique du Nord, jusqu'à Alexandrie, en Égypte, relâchant assez de temps dans les ports pour que les touristes visitent tranquillement musées et monuments.

Un aller-retour dure entre six et sept semaines, ce qui exige de la Cunard un relais ininterrompu entre quatre navires. Chaque année, après avoir accompli sept voyages, les bâtiments retournent à Liverpool, qui demeure leur port d'attache, ce qui permet à l'équipage de se reposer et d'effectuer des contrôles techniques. Un mois plus tard, les navires reprennent le même service, au même rythme.

Le 18 janvier 1912, après une année sur le *Pannonia*, le capitaine Arthur Rostron, un marin hautement compétent, connu au sein de la Cunard sous le surnom d'Étincelle électrique, prend le commandement du *Carpathia*. Bien sûr, il ne sait pas que trois mois plus tard, jour pour jour, il sera accueilli en héros à New York après avoir sauvé des centaines de vies.

Né en 1869 à Sharples, dans le nord-ouest de l'Angleterre, Arthur Rostron, cadet d'une fratrie de cinq, n'a pas six ans lorsqu'il annonce à sa famille son intention de devenir marin[1]. Il fait ses armes en tant que cadet sur le HMS *Conway*, un navire-école marchand, puis enchaîne les longues traversées, d'un hémisphère à l'autre. Sept années de cet apprentissage en font un marin aguerri, prêt à affronter la transition entre la voile et la vapeur qui s'impose de plus en plus, avec des changements notables qui impliquent, de la part des capitaines, un réel sens de l'adaptation.

Au fil de ses expériences à la Cunard et dans la Royal Naval Reserve, il se construit et apprend à dominer ses peurs, à domestiquer les dangers de la mer, à commander à des hommes.

En janvier 1912, avec son regard bleu pénétrant, ses pommettes hautes, son nez légèrement retroussé et ses oreilles décollées, il conserve en civil une allure juvénile, bien qu'il soit au début de la quarantaine. Avec l'uniforme, l'impression change. S'il ne possède pas une carrure apte à impressionner, il émane de sa personne autorité et volonté. Tous ceux qui le connaissent, que ce soient ses proches ou ses équipages, parlent de lui comme d'un homme intègre, pudique, peu disert, mais énergique et compétent, un marin au jugement sûr et au professionnalisme irréprochable.

Avec Rostron à sa tête, le *Carpathia* reprend du service pour acheminer des émigrants et du fret entre l'Adriatique

1. Arthur Rostron, *Titanic Hero*, Amberley Publishing, Stroud, Gloucestershire, 2011.

et les ports italiens à destination de New York, en rotation avec le *Pannonia*, l'*Ultonia*, le *Slavonia* et le *Saxonia*. Son poste tiendra le capitaine éloigné un an de sa famille, mais Rostron ne s'en plaint pas. En outre, il connaît bien les routes, et il apprécie le *Carpathia*, un paquebot qui remplit parfaitement son rôle.

Début avril 1912, après neuf jours de traversée – marquée par un mal de mer général pour les passagers –, le *Carpathia* accoste au quai 54, à Manhattan, après l'inspection sanitaire habituelle. Une page se tourne pour Rostron. Il ne se doute pas que, dix jours plus tard, il en entamera une autre, assurément la plus héroïque de sa vie et l'une des plus glorieuses de l'histoire de la Marine.

2. Un équipage soudé

« Ce que l'homme a uni,
la nature est impuissante à le séparer. »

Aldous Huxley,
Le Meilleur des mondes

Sur le *Carpathia*, les quelque trois cents membres d'équipage font corps derrière leur commandant, Arthur Rostron.

Outre le capitaine, on y retrouve le chef officier Thomas William Hankinson, le premier officier Horace John Dean, James Bisset comme deuxième officier, le troisième officier Eric Rees, et le quatrième officier Geoffrey Howard Barnish. Parmi les autres postes à responsabilité, on peut citer le chef ingénieur ou mécanicien A. B. Johnstone et ses six officiers ingénieurs, le docteur Frank McGee et deux autres médecins, un Hongrois et un Italien ; le commissaire de bord E. G. F. Brown, le chef steward Harry Hughes, et l'opérateur radio Harold Cottam.

★

Si Bisset rêve d'embarquer sur le *Mauretania* et le *Lusitania*, les deux meilleurs navires de la Cunard, travailler sous le commandement de Rostron sur le *Carpathia* convient tout aussi bien au deuxième officier : il le sait homme de parole et homme de foi, car il a servi sous ses ordres pendant un an sur le SS *Brescia*, trois ans auparavant.

Pendant les douze jours où le *Carpathia* reste à quai à New York, Bisset et le reste de l'équipage assistent avec émerveillement à l'arrivée du colossal *Olympic* de la White Star. L'homme ne cache pas son ravissement lorsqu'il vient visiter le grand paquebot, gigantesque en tout. Son admiration teintée d'étonnement redouble quand il apprend d'un jeune officier du navire que pas moins de 23 mètres séparent le pont des embarcations de la ligne de flottaison. Un tel géant ne doit pas être aisé à manœuvrer. Pas peu fier, son guide enthousiaste qualifie le navire d'insubmersible, signale que la sécurité y a été soignée, à commencer par les quinze cloisons étanches susceptibles d'être fermées électriquement à la moindre alerte. Seul point faible, le navire, comme son jumeau le *Titanic*, ne possède pas de double coque sur les côtés, contrairement au *Mauretania* et au *Lusitania*. En marin accompli, Bisset relève également par-devers lui que les cloisons étanches ont une hauteur insuffisante et qu'il reste ainsi un espace par où pourrait s'engouffrer l'eau…

Il remarque aussi une originalité sur ces vaisseaux : les plaques d'acier sont rivetées. Les concepteurs admettent qu'un trou sous la ligne de flottaison inonderait un compartiment mais le paquebot resterait selon eux à flot, puisque les autres compartiments, isolés avec les cloisons étanches, feraient office de flotteurs. Bisset reste sceptique : il persiste à penser que les cloisons étanches ne sont pas tout à fait hermétiques. Il suffirait d'une inondation conséquente pour que les pompes ne parviennent pas à endiguer l'eau et qu'elle passe alors d'un compartiment à l'autre, ce qui entraînerait la perte du vaisseau insubmersible… Cette omission interpelle Bisset. Il s'en souviendra.

Le personnel de la White Star, lui, exulte lorsqu'il apprend que le *Titanic*, son nouveau joyau, vient d'achever ses essais en mer, où il a atteint une vitesse de 22 nœuds, soit un peu plus de 35 km/h, et qu'il a rejoint Southampton le 3 avril. En Angleterre, on se prépare à une fête formidable, guettée par une presse enthousiaste : le *Titanic* va accomplir sa traversée inaugurale de l'Atlantique Nord. Il doit quitter Southampton le 10 avril 1912, faire escale à Cherbourg dans la soirée et arriver le lendemain à Queenstown, en Irlande, avant midi, pour reprendre la direction de l'Amérique à 13 h 30.

S'il maintient cette vitesse de 22 nœuds, il pourrait arriver à New York le mardi 16 avril, deux jours après le départ pour l'Europe de l'*Olympic*, soit le dimanche. Les deux énormes paquebots se croiseraient ainsi à mi-parcours…

Le *Times* précise qu'il emporte 1 390 passagers, 903 membres d'équipage et 3 814 sacs postaux. Le même journal explique que le *Titanic* bénéficie d'améliorations techniques par rapport à l'*Olympic*, son *sister-ship*, notamment au niveau des hélices, et qu'il sera intéressant de voir s'il obtient de meilleures performances.

La presse annonce que des personnalités de premier plan ont retenu leur cabine à bord du paquebot. On cite John Jacob Astor, Benjamin Guggenheim, George D. Widener, Isidor Straus et son épouse, mais aussi Joseph Bruce Ismay, directeur général de la White Star Line, le colonel Washington Roebling, constructeur du pont de Brooklyn, Charles Melville Hays, président de la compagnie de chemins de fer Grand Trunk, plus une multitude de milliardaires qui ne souhaitent pas laisser passer pareille occasion d'associer leur nom à un des événements les plus marquants de leur temps. D'autres célébrités feront aussi la traversée, notamment le grand journaliste William Thomas Stead, un homme adulé ou détesté par des millions de personnes en raison de son opposition à la guerre des Boers ; le fameux éditeur Henry Harper ; l'homme de théâtre Henry Burkhardt Harris, l'une des personnalités les plus admirées et respectées de New York ; le major Archibald Butt, assistant personnel du président des États-Unis, William Howard Taft ; ou encore le peintre Frank D. Millet. En somme, de ces personnes qui occupent en permanence la première page des journaux, la crème de la crème de la haute société américaine, comme l'écrira Bisset plus tard.

À midi, le mercredi 10 avril, le *Titanic* quitte Southampton pour Cherbourg, où il arrive dans la soirée et où embarquent encore des passagers, comme ce sera aussi le cas le lendemain à Queenstown. À 14 heures, le jeudi 11 avril, il met le cap sur New York avec officiellement à son bord 1 316 passagers et 891 hommes d'équipage, soit 2 207 âmes.

Le navire compte 328 passagers de première classe, 272 de seconde classe, et 716 de troisième classe. Il n'a donc pas fait le plein puisqu'il est certifié pour accueillir 2 650 passagers et 897 membres d'équipage, soit un total de 3 547 âmes.

En clair : un géant !

Le même jour à midi à New York (17 heures en Angleterre), Rostron ordonne un départ qui se fait lui sans tambour ni trompette. Après avoir suivi l'Hudson et laissé son pilote[1] à l'entrée d'Ambrose Channel, le *Carpathia* retrouve la pleine mer pour un voyage de 3 194 milles à destination de Gibraltar, Gênes, Naples, Trieste et Fiume.

Bisset se souvient que le navire emportait environ 125 passagers de première classe, 65 de seconde classe, essentiellement des touristes américains, mais aussi

1. Pour sortir et entrer dans un port aux aménagements parfois complexes, indépendamment de l'action de remorqueurs, l'intervention d'un « pilote », un marin expérimenté qui connaît parfaitement la circulation maritime dans cette zone, était nécessaire. Il exécutait alors les différentes manœuvres et facilitait ainsi la tâche du capitaine. C'était généralement un canot à moteur qui le conduisait près du navire à l'arrêt non loin des installations portuaires ; si le vaisseau quittait le port, une vedette l'attendait pour le ramener à terre.

550 passagers de troisième classe, principalement des Italiens, des Hongrois, des Autrichiens, des Serbes et des Grecs en congé dans leur pays. À cela, il faut ajouter environ 300 membres d'équipage, ce qui donne un total de 1 035 âmes, alors que le navire peut en accueillir 2 100. De fait, près des deux tiers des places à bord sont inoccupées, ce qui se révélera d'une importance vitale.

Il possède d'autre part 18 canots de sauvetage, dont 12 sous bossoirs, conformes à la réglementation en vigueur et susceptibles de recevoir chacun entre 68 et 72 occupants.

Parmi ces passagers, on remarque le couple de peintres américains Colin Campbell Cooper et Emma Lampert Cooper, l'auteur Philip Mauro, les journalistes Lewis Palmer Skidmore et Carlos Fayette Hurd, avec leurs épouses Emily Vinton Skidmore et Katherine Cordell Hurd.

Se trouvent également à bord Hope Brown Chapin, alors en voyage de noces, la plus jeune fille de Russell Brown, l'ancien gouverneur de Rhode Island ; l'architecte Charles M. Hutchison et son épouse ; Sue Eva Rule, la sœur du juge Virgil Rule ; Louis Mansfield Ogden, avec sa femme, Augusta Davies Ogden, petite-fille du physicien Alexander H. Rice.

Les premiers jours du voyage sur le *Carpathia* sont tranquilles, quelque peu hors du temps. Les passagers se laissent vivre, malgré le ciel couvert. Ils apprécient des mets de choix, les activités organisées à bord pour les distraire.

Certains préfèrent monter sur le pont-promenade et rêver en fixant l'horizon.

Une passagère, Mabel Fenwick, photographie le quotidien de l'équipage, et est photographiée elle-même sur le pont par son mari. Comme il fait frisquet, la plupart des voyageurs préfèrent rester à l'intérieur ; ils jouent aux cartes, lisent, écrivent leur courrier ou écoutent l'orchestre du navire. Un sacré bon orchestre, dont on peut regretter que deux de ses membres, Roger Bricoux et Theodore Brailey, ont été transférés sur le *Titanic.*

Il faut aussi compter avec le mal de mer qui, en dépit des journées calmes de navigation, immobilise plusieurs passagers dans leurs cabines.

Le *Carpathia* emporte sa part de bonheur – en première classe, Emma et Charles Hutchison savourent leur voyage de noces – mais aussi sa part de peine, notamment celle de William Henry Harrison Johnson, un banquier retraité de 72 ans devenu veuf exactement un mois plus tôt. C'est son fils, Nason Collins Johnson, qui l'a entraîné dans ce voyage en Méditerranée afin de lui changer les idées. Le dimanche 14 avril 1912, à 10 h 30, le capitaine Rostron célèbre un office religieux pour les passagers de première classe, parmi lesquels Mabel Fenwick, qui se déclare très impressionnée par le nombre de membres de l'équipage qui y assistent.

Au cours de l'après-midi, les voyageurs, installés sur des transats sur le pont, savourent un temps nettement plus chaud et ensoleillé, si chaud que Howard et Hope demandent à un steward de positionner leur transat à l'ombre…

En fin d'après-midi, Josephine Marshall, qui effectue la traversée avec Charles, son mari, Evelyn, sa fille, ainsi que leur valet suédois et leur femme de chambre, envoie un message à ses trois nièces alors à bord du *Titanic* : Mme Appleton, Mme Brown et Mme Cornell regagnent les États-Unis après avoir assisté à l'enterrement de leur sœur en Angleterre. Charlotte Appleton répond à sa tante par un message affectueux.

En début de soirée, l'air se rafraîchit, même si le ciel reste clair. Passager de seconde classe, le docteur Frank H. Blackmarr, radiologue à Chicago, ne regrette pas d'avoir pris son manteau pour une promenade sur le pont, mais il ne s'attarde pas. Surtout lorsqu'il constate, non sans frissonner, que la nuit a rarement été aussi noire.

3. Une si belle nuit

« Bientôt nous plongerons dans les froides ténèbres ;
Adieu, vive clarté de nos étés trop courts. »

Charles Baudelaire,
Chant d'automne

Ce dimanche soir, alors que le *Titanic* fonce vers son destin, le *Carpathia* vogue tranquillement vers l'est, à une allure plus modérée de 14 nœuds. À bord, tout le monde, ou presque, est endormi. Le navire se trouve maintenant à environ 1 000 milles à l'est de New York.

Dans son local, l'opérateur radio Harold Cottam veille. Son équipement est de faible portée, rarement au-delà de 150-200 milles, mais il lui permet de communiquer avec des navires hors de vue. De la passerelle, à environ 15 mètres au-dessus du niveau de la mer, les officiers peuvent voir jusqu'à environ huit milles, ce qui leur laisse suffisamment d'espace pour prévenir une collision avec d'autres vaisseaux, voire avec des icebergs. « En ce dimanche très dégagé, se souviendra Bisset, nous jouissions d'une excellente visibilité. Toutefois, la présence de givre étincelant dans l'air provoqué par des courants froids dénonçait des icebergs vers le nord. »

Lorsque Bisset reprend son quart à 20 heures, il constate que deux alertes à la glace ont été transmises à Cottam, l'une par le *Baltic* de la White Star, en route vers l'est : à 13 h 42, le navire déclare avoir aperçu de la glace par 49 degrés 52 minutes de longitude ouest et 41 degrés 51 minutes de latitude nord ; l'autre a été envoyée à 19 h 30 par le *Californian* de la Leyland Line et signale de la glace par 49 degrés 9 minutes de longitude ouest et 42 degrés 3 minutes de latitude nord. Vers 21 heures, Cottam amène à la passerelle un troisième avis de glace expédié par le *Caronia*, de la Cunard, en route de Liverpool vers New York. Ces messages ne concernent pas le *Carpathia*, car le navire évolue plus au sud de la zone mentionnée ; Bisset prévient néanmoins le capitaine Rostron, qui remarque : « Il semble s'agir d'un grand champ de glace. Soyez vigilants. Continuons ! »

Contrairement au *Carpathia*, le danger localisé par les trois navires se trouve directement sur la route du *Titanic*, mais le grand paquebot a lui aussi reçu les alertes.

De fait, Cottam reçoit un signal fort du *Titanic*, preuve que le navire est dans son rayon d'action. Il capte ainsi certaines communications entre les chefs d'entreprises passagers du paquebot concurrent et la station de Cape Race, à Terre-Neuve, d'où les marconigrammes commerciaux sont relayés vers New York ou vers l'Europe. Le trafic radio est intense ; il s'agit essentiellement de messages financiers en rapport avec la Bourse et les cotations.

Pendant les pauses, les opérateurs radio bavardent, se lancent parfois des plaisanteries et même des insultes convenues dont ils sont les seuls à connaître le sens. De navire à navire, ils s'envoient des codes d'identification, des formules de bienvenue. Ils constituent alors une profession nouvelle, et ces pionniers élaborent une sorte de langage commun. Ils prennent l'habitude de s'interpeller avec un étrange OM (« Old Man »). L'accusé de réception est généralement un TUOMGN gentillet (« Thank you, old man, good night », soit « Merci, mon vieux, bonne nuit »). Lorsqu'il est occupé et qu'il reçoit des messages inopportuns, l'opérateur se signale par un QRL, qui signifie : « Du calme, j'ai du boulot », ou par un GTH, plus explicite (« Go to hell » – « Va au diable ! »), voire un GTHOMQRL (« Va au diable, mon vieux, je suis occupé ! ») ou un ASOM (« Wait a minute, old man ! » – « Une minute, mon vieux ! »). On croirait presque un langage de potache. Il ne faut pas oublier que la plupart des opérateurs radio ont une moyenne d'âge de 20 ans – et que, malgré tout, ils possèdent une grande expérience du service maritime.

À 21 h 40, Cottam transmet à la passerelle le marconigramme qu'il vient de recevoir du SS *Mesaba* en route vers l'ouest : il signale un important champ de glace et confirme ainsi les précédents marconigrammes envoyés par le *Caronia*, le *Baltic* et le *Californian*. Le *Carpathia* se trouve à ce moment à trente milles au sud de ce piège de glace qui, à en juger par les divers messages de ce jour, glisse doucement dans sa direction. Lorsque le capitaine Rostron arrive sur la passerelle, Bisset l'en informe. Il appelle alors l'opérateur radio et lui demande quels sont les navires à portée de son équipement.

« Le *Titanic*, monsieur, je le capte très fort. Il semble se trouver à trente ou quarante milles, et peut-être un peu plus loin car son équipement radio est plus puissant. Il émet en ce moment vers Cape Race. Il y a aussi le *Californian*, qui a stoppé ses machines pour la nuit car il est encerclé par les glaces.

– Hum, ce doit être un champ de glace très épais, commente rapidement Rostron. Je suppose que le *Titanic* va devoir ralentir ou prendre une route plus au sud que la voie habituelle. Bien sûr, ce changement retardera son arrivée à New York. Ce n'est pas de chance pour un voyage inaugural. Y a-t-il d'autres navires à proximité ? »

Cottam déclare qu'il a repéré quatre autres bâtiments dans un rayon de cent cinquante milles : le SS *Frankfurt* de la Norddeutscher Lloyd ; le *Mount Temple* de la Canadian Pacific ; le SS *Virginian* d'Allan Line et le cargo russe SS *Birma*. S'y ajoutent le *Mesaba*, le *Baltic*, le *Caronia*. Cottam a aussi capté des signaux plus faibles de l'*Olympic* qui, en provenance de New York, vogue vers l'est et se trouve à plus de six cents milles à l'ouest du *Carpathia*.

Rostron remercie Cottam et lui demande s'il va maintenant éteindre son équipement pour la nuit. « Je ne vais pas tarder, monsieur, mais je vais néanmoins rester un peu à l'écoute de Cape Race, pour savoir également où en est la grève des mineurs en Angleterre[1] », répond le radio.

À la suite de cet échange, Bisset accompagne le capitaine sur l'aile tribord de la passerelle. Le temps est calme, il n'y a pas de vent et la mer n'a pas une ride. Il n'y a pas non plus de lune, mais des aurores boréales scintillent sur l'horizon. Il fait très froid. Les conditions atmosphériques singulières de cette nuit, dues sans doute à la présence au nord de la position du *Carpathia* du vaste champ de glace en train de fondre dans les eaux plus chaudes du Gulf Stream, font que le ciel et la mer semblent ne former qu'un.

Rostron observe ce phénomène en silence – tout comme Lord, le capitaine du *Californian*. Il considère un instant le ciel, puis se tourne vers le nord pour regarder les jeux de lumière des aurores polaires. À cette seconde, Bisset, qui se garde bien de le déranger dans sa méditation, remarque au mouvement de ses lèvres qu'il prie en silence.

Puis Rostron se tourne vers lui pour lui déclarer qu'ils pourraient bien apercevoir le *Titanic* si celui-ci fait un

1. Dans son ouvrage *Tramps and Ladies: My Early Years in Steamers* (avec Percy Reginald Stephensen, Criterion Books, New York, 1959), Sir James Bisset évoque la longue grève des mineurs qui pouvait pénaliser les transports maritimes. Les dirigeants de la White Star Line redoutaient justement d'avoir à repousser la traversée inaugurale du *Titanic*, car non seulement le charbon pourrait manquer, mais les passagers de marque ne se bousculaient pas… Au final, la compagnie puisa dans les réserves de charbon de ses autres navires, et fit également appel à Edward Smith, son capitaine le plus emblématique, pour attirer l'élite de la clientèle.

détour par le sud pour éviter le danger. Et d'ajouter : « Je ne crois pas qu'il tentera de traverser une zone infestée d'icebergs, de *growlers* et d'un champ de glace si épais que le *Californian* a stoppé ses machines pour la nuit. La radio est une invention magnifique, n'est-ce pas ? On sait que la glace descend plus au sud, cette année. Le dégel a dû être précoce sur la côte du Labrador. Ici, nous ne risquons rien, mais ouvrez l'œil, on n'est jamais trop prudent ! »

Bisset rétorque qu'ils vont bientôt aborder des eaux plus chaudes. « Qui sait ce qu'il y a devant nous ? » déclare Rostron calmement, avant de plaindre sincèrement le capitaine Smith, sans doute obligé de réduire la vitesse du *Titanic* et de modifier sa trajectoire. « Il doit éviter de prendre des risques, surtout au cours d'une traversée inaugurale scrutée par une presse à l'affût du moindre incident concernant un navire qualifié un peu vite d'insubmersible », ajoute-t-il avant de s'interrompre, à nouveau méditatif.

Bisset acquiesce et respecte son silence, mais le capitaine change soudain de sujet : « Bien, la nuit est claire, je vais me retirer. » Il se rend dans la salle des cartes, note ses consignes pour la nuit et les tend à Bisset, avant de dire bonsoir à l'officier, de sa manière nette, et de gagner sa cabine.

À 22 heures, le quartier maître à la barre actionne quatre fois la cloche, comme il est de coutume à cette heure de la nuit, puis la vigie, dans son nid de pie, fait tinter la sienne avant de crier : « Tout va bien ! »

Gagnés par un froid glacial, les ponts-promenades ont été progressivement désertés. Le navire s'est fait silencieux tandis que ses passagers ont sombré dans le sommeil. À 23 heures, la cloche retentit à six reprises, mais, à part les hommes de service, personne ne l'entend. Seul est perceptible le bruit des moteurs. La plupart des éclairages sont éteints. Toutefois, une ampoule brûle dans le petit local du radio-opérateur Harold Cottam. Il écoute les marconigrammes envoyés par Jack Phillips, le radio du *Titanic*, et entend distinctement Cyril Evans, le radio du *Californian*, lancer une alerte-glace, précisant que son navire est bloqué. Au même moment, à moins de vingt milles du *Californian*, le *Titanic* file dans la nuit pour rattraper le temps qu'il a perdu en changeant de cap. Sans se rendre compte qu'il fonce droit vers le champ de glace.

Cottam sourit quand il entend Phillips interrompre brutalement Evans : « Ferme-la, mon vieux, je suis occupé ! » À la suite de cette remarque abrupte, Evans éteint sa radio et part se coucher, tandis que Cottam se prépare à en faire autant.

Lorsqu'il regagne ses quartiers, Bisset ne remarque aucune lumière dans la cabine de Rostron, sans doute endormi. Le local de Cottam, lui, demeure éclairé. Il voit l'opérateur radio délacer ses bottes. Ses écouteurs toujours sur les oreilles, il est sur le point d'éteindre son équipement.

L'officier est alors à mille lieues d'imaginer ce qui l'attend.

4. Le baiser de la mort

« Il est des bateaux […]
qu'une glace dérivante effleure,
un tchin-tchin presque musical
et c'est la fin. »

Yann Queffélec,
Toi l'horizon

Sur l'Atlantique Nord s'étire une nuit glaciale et désertée par la lune, une nuit qui fait de l'océan un puits de ténèbres sous un couvercle stellaire étincelant. De mémoire de navigateur, des conditions aussi paisibles sont exceptionnelles : un air froid, certes, mais une étendue marine couleur d'encre noire lisse à en être étale, de manière presque inhabituelle.

On n'a que très rarement rencontré un tel calme jusqu'à la seconde fatale.

Alors, à 11 h 40…

… le choc est imperceptible. On croirait même à un baiser léger. L'iceberg, énorme monstre glacé, est tout de même bousculé par le *Titanic*, une masse de ferraille de plusieurs dizaines de milliers de tonnes lancée à une allure qui peut sembler dérisoire mais dont la puissance est terrifiante. Le grand navire parcourt encore plus d'un demi-mille avant de s'arrêter.

L'impact est diversement ressenti. Privilégiée encore pendant plusieurs minutes avant d'en prendre vraiment conscience, la première classe est à peine dérangée dans son sommeil ou dans ses conversations, notamment dans le salon fumoir, où des messieurs occupés à jouer aux cartes voient des morceaux de glace tomber sur le pont.

Selon le proverbe, il y a Jean qui rit et Jean qui pleure. Si la première classe ne se sent pas vraiment concernée et baigne dans l'insouciance tant la secousse a été insignifiante à ce niveau du bâtiment – même si une passagère aisée, Caroline Bonnell, affirmera avoir été réveillée en sursaut par un choc effroyable –, les hommes de la soute, surtout à l'avant, sont immédiatement soumis à un véritable enfer tandis qu'un violent déluge d'eau glacée s'abat sur eux.

L'iceberg a rebondi à plusieurs reprises contre la coque du navire toujours en mouvement, un mouvement qui évoque la rencontre des ventres de deux gros lutteurs de sumo, ce qui a pour résultat dramatique de faire sauter les rivets comme des bouchons de champagne, créant une brèche inégale sur des dizaines de mètres. Une inspection sommaire révèle que le coqueron avant est touché, de même que les cales 1, 2 et 3, et les chaufferies n° 5 et n° 6.

Facteur aggravant qui sera mis en évidence bien plus tard : l'acier de la coque ne présente pas la qualité requise et est devenu cassant dans les eaux glaciales. En outre, les rivets ne correspondent pas non plus à ceux habituellement employés pour maintenir entre elles les plaques de tôle. Une pénurie momentanée explique que les chantiers navals Harland & Wolff ont dû se rabattre sur des pièces en fer forgé, moins résistantes… les chances du *Titanic* n'en ont été que plus réduites. La blessure est mortelle, mais on ne le sait pas encore.

Sorti en catastrophe de ses quartiers, le capitaine Smith fait irruption sur la passerelle où il demande à William Murdoch, le premier officier, ce que le navire a heurté. « Un iceberg, monsieur », lui répond-on, puis l'homme lui énumère les mesures qu'il a prises sans tarder. Le capitaine accuse le coup, mais n'en laisse rien paraître.

Il demande aussitôt un rapport, et c'est Thomas Andrews, l'architecte du navire, qui, d'une voix blanche, va lui annoncer le funeste diagnostic. Alors que le commandant, commodore de la compagnie, croyait achever avec éclat sa brillante carrière grâce à ce voyage inaugural, il sait maintenant que son navire, le *Titanic*, va sombrer.

La raison en est simple. Les compartiments étanches sont séparés par de hautes cloisons qui cependant ne ferment pas complètement. L'eau monte et finit par passer dans le compartiment suivant. La brèche, à tribord, est trop importante, ce qui condamne le paquebot. Le navire eut-il percuté de front l'iceberg, seulement deux compartiments auraient été inondés, ce qui ne le mettait pas en danger…

Il est néanmoins trop tard.

L'Insubmersible coule !

Vers minuit, désormais conscient de l'imminence du désastre et surtout de sa responsabilité à l'égard de ses passagers autant que de son équipage, le capitaine Smith apprend que les pompes ne parviennent pas à évacuer les eaux glaciales.

Smith possède une forte volonté. Il n'occupe pas cette position par hasard. Contrairement à la rumeur qui se répandra par la suite, il n'a pas été appelé au commandement du *Titanic* simplement pour y attirer la clientèle fortunée. Ce n'est pas tout à fait faux, mais cette promotion, il la doit avant tout à ses compétences avérées et reconnues.

Pas question, par conséquent, de céder au découragement. Il faut maintenant évacuer le navire, et c'est à lui de donner l'ordre. Il le fait en ayant une conscience aiguë du nombre insuffisant de canots de sauvetage. Il a compris que la plupart des occupants de son paquebot vont mourir, à moins d'un miracle – par exemple l'intervention d'un autre vaisseau.

Sans se départir de son calme, Smith se rend au local de Bride et Phillips, les deux opérateurs radio Marconi, et leur demande d'envoyer un message de détresse. C'est la stupeur chez les deux jeunes gens, qui s'exécutent. Comment ? Le *Titanic* coule ? Impensable… Mais la réalité est bien là.

À 22 ans, Harold Sydney Bride, dit Harry, possède déjà une belle expérience de la mer. En fait, il doit sa vocation à un télégraphiste de son âge, un certain Harold Cottam, qui a gentiment répondu à toutes ses questions sur ce métier fascinant, avant qu'il ne s'engage sur cette voie. D'une certaine manière, Harold Bride et Harold Cottam se ressemblent. Bride n'a pas chômé depuis sa sortie de l'école des télégraphistes. Après avoir servi sur plusieurs navires, notamment le *Haverford*, le *Lusitania* et l'*Anselm*, acquérant de solides connaissances, il a embarqué sur le *Titanic* en qualité de second opérateur radio sous la responsabilité de Phillips, 24 ans.

« Au moment de la collision, je dormais sur ma couchette, mais je me suis levé dix minutes plus tard pour m'habiller avant de rejoindre Phillips. Il m'a averti qu'il pensait le navire endommagé et que nous serions sans doute contraints de le faire réparer chez Harland & Wolff. C'est là que le capitaine Smith est arrivé dans notre local et qu'il nous a dit que nous ferions bien de demander une assistance. Lorsque Phillips a voulu savoir s'il devait envoyer un message de détresse, le capitaine lui a répondu : "Tout de suite !" Il a donc immédiatement exécuté son ordre. Il a tapé six fois le code de détresse CQD et six fois le code d'identification du navire, MGY[1]. »

1. Ce code en morse a été l'un des premiers adoptés par la radio, à la suite de la circulaire 57 émise le 7 janvier 1904 par la Marconi International Marine Communication Company. Entrée en vigueur le 1er février suivant, elle impose à tous les utilisateurs d'équipements Marconi que tous les appels de détresse ou de demande d'assistance envoyés par des navires devraient être identifiés par un CQD (le « CQ » provient du mot français « sécurité », le « D » signifiant *distress* ou détresse). Si les opérateurs Marconi du monde entier adoptent

Après l'envoi de ce premier CQD par Jack Phillips, Bride lui suggère, mi-amusé, mi-sérieux, qu'il tient peut-être là une dernière opportunité d'utiliser le SOS, le nouveau code. Il ne se trompe pas, hélas. Pourtant, sa remarque déclenche l'hilarité dans le local, y compris celle du capitaine qui leur a néanmoins expliqué que le navire a subi une avarie dans sa partie tribord avant. Puis Smith retourne au poste de commandement. Phillips alterne CQD et SOS.

Il reçoit sans tarder une réponse du *Frankfurt* de la North German Lloyd, auquel il a précisé la position du *Titanic*. Bien sûr, il en avise immédiatement le capitaine Smith.

« Le message du *Carpathia* a été le deuxième que nous avons reçu, dira Bride. Il annonçait sa position et déclarait venir le plus rapidement possible. Il précisait aussi qu'il s'était détourné de sa route. Aussitôt en possession de ce message du *Carpathia*, le capitaine Smith est revenu dans le local de la radio avec moi. Nous avons reçu d'autres messages du *Frankfurt*, qui nous demandait d'attendre. Ce que nous faisions, pensant qu'il allait venir à notre secours, mais l'échange en est resté là. »

---

ce code, il prête encore à confusion car dans le langage il peut aussi vouloir indiquer que la réception est mauvaise. On va lui préférer un autre code, le SOS, lors de la Première Convention internationale radiotélégraphique, tenue à Berlin en 1906. Le code de détresse allemand Notzeichen – trois points, trois tirets, trois points – est adopté comme code morse international de détresse. C'est l'Allemagne qui, la première, a officialisé ce code dès le 1er avril 1905. Il faudra néanmoins un certain temps pour que le SOS rentre dans les usages.

Désormais, le *Carpathia* constitue leur dernier espoir. Il est inutile de poursuivre les communications avec le *Frankfurt*. C'est pour cette raison que le *Titanic* lui enjoint de rester en dehors du circuit.

« Nous savions, confiera Bride plus tard, que le *Carpathia* avait mesuré le danger de notre situation et qu'il arrivait vers nous à pleine vapeur car il connaissait notre position. Nous avions confiance en l'équipage de ce navire. Après cet échange manqué avec le *Frankfurt* et celui, rassurant, avec le *Carpathia*, j'ai essayé de me mettre en relation avec le *Baltic*, lequel m'a semblé loin à cause de la faiblesse de son signal. »

Pourtant, à la suite de nouvelles indications fournies par le *Carpathia*, Phillips grimace, tout comme Smith et les officiers qui en prennent connaissance : du fait de sa position et de son allure, même forcée, il est évident que le navire de la Cunard arrivera tard. *Trop* tard.

Il est alors demandé aux voyageurs de prendre leurs gilets de sauvetage et de se rendre calmement sur le pont. En principe, la manœuvre ne doit pas poser de problème. Placés sur le pont supérieur, les canots doivent être amenés au pont inférieur ; là, on procédera à l'embarquement. Mais l'équipage n'a pas été assez préparé aux opérations de sauvetage, une évidence qui ne manque pas de surprendre et d'inquiéter les passagers. En dépit de leur bonne volonté, les marins chargés de descendre les canots se montrent maladroits et surtout inexpérimentés. On craint, selon une peur infondée, qu'un canot plein puisse se rompre comme un œuf avant d'être affalé, tout comme on redoute encore qu'un des palans se décroche, ce qui signifierait pour les passagers de l'embarcation d'être précipités dans les flots glacés et promis à une mort certaine. Aussi, dans certains cas, accepte-t-on par prudence de n'y faire monter que la moitié des occupants qui y étaient pourtant prévus.

De même, les passagers hésitent à embarquer, soit parce qu'ils craignent de se retrouver suspendus à plus de 22 mètres au-dessus d'une mer obscure, soit parce qu'ils ne se sentent pas encore en danger sur le navire dont les salons demeurent accueillants.

Quoique touché en plein cœur, car le vaisseau est l'œuvre de sa vie, l'architecte naval Andrews, génie de 38 ans, dissimule jusqu'au bout son désespoir. Il ne veut pas affoler les passagers qu'il croise. Combien de temps leur reste-t-il à vivre ? Certes, les pompes retarderont le pire, ce qui va immanquablement arriver, comme le calcule Andrews avec une angoisse croissante. Le navire est condamné, ce qui signifie que lui l'est également.

Les minutes passent, et la situation se détériore. Dans le local Marconi, on note un changement imperceptible de l'atmosphère, surtout quand Phillips, d'une voix neutre, annonce à Bride que les batteries faiblissent. Ce que confirme Smith, qui survient sur ces entrefaites et leur dit que l'eau a envahi la salle des machines. En clair, la production d'énergie pourrait être interrompue d'un instant à l'autre. Phillips s'empresse de transmettre l'information au *Carpathia*.

À bord du *Titanic*, les opérateurs radio mènent désormais une course contre la montre. Bride et Phillips s'efforcent de joindre tous les navires de la zone. À 2 h 05, lorsque le commandant Smith les relève de leurs fonctions et leur ordonne d'évacuer le navire, ils demeurent à leur poste. Phillips continue, imperturbable, d'appeler au secours, jusqu'à la dernière étincelle d'énergie. Bride l'observe. Il dira par la suite avoir éprouvé alors « un immense respect[1] » pour son collègue, vraiment « un brave type ». Il a fallu que les flots envahissent enfin le local pour que Phillips se décide à abandonner son émetteur, soit dix bonnes minutes – une éternité – après que Smith le lui a ordonné au nom du « chacun pour soi ». Bride sort à sa suite.

Hors du local, il constate que « le navire bascule petit à petit sur le nez, tout comme un canard qui veut faire un plongeon ». De l'arrière du navire, lui parviennent les mesures d'*Autumn*, un ragtime qu'interprète alors l'orchestre. Phillips se précipite vers la poupe. Bride ne le reverra jamais.

N'ayant plus le temps de réfléchir, il se dirige vers l'endroit du pont où il a remarqué un canot pliable encore disponible et, à son étonnement – à son soulagement aussi –, il découvre qu'il est toujours en place et que des hommes, parmi lesquels ne figurent pas de marins, s'efforcent de le détacher.

Cependant, alors qu'il avance vers eux pour les aider, une grosse vague balaie le pont et emporte le radeau, et

1. *New York Times* du vendredi 19 avril 1912.

Bride avec. Quand il se rend compte qu'il est à la mer, il se croit dans le canot – mais il est en fait *en dessous*. L'embarcation flotte, retournée sur lui. Une lutte pour la vie s'engage dans l'eau glacée. La frayeur de mourir asphyxié démultiplie les forces du jeune homme qui s'extirpe de son piège obscur pour émerger et découvrir que des centaines de naufragés munis de leur gilet de sauvetage se débattent dans les eaux glacées, tout autour de lui. C'est une vision dantesque, surtout avec tous ces cris, tous ces appels, tout ce désespoir qui l'accompagnent.

Bride prend conscience du danger le plus immédiat : le navire qui sombre et dont il doit s'éloigner le plus rapidement possible pour ne pas être aspiré par le terrible effet de succion. Le plus incroyable est que l'orchestre joue toujours *Autumn*.

Tandis que le *Titanic* plonge lentement, Bride nage de toutes ses forces. Il se trouve à une cinquantaine de mètres quand la poupe disparaît et que des vaguelettes virevoltent autour du gouvernail bientôt englouti.

Il n'y a pas ou peu de succion. C'est fini.

La désolation atteint son paroxysme alors que les ténèbres, après avoir remporté la partie contre les électriciens et les mécaniciens, recouvrent tout, comme s'il fallait cacher aux regards des survivants pétrifiés la scène sombre et pathétique qui suit le naufrage.

Ce que l'on ne peut pas voir est insoutenable. Pendant de longues minutes, du cœur des ténèbres, s'élèvent des centaines de clameurs, des hurlements de frayeur, des cris inhumains de douleur, de désespoir ou d'agonie, des supplications ultimes, des prières et des plaintes, ce qui amplifie la terreur absolue qui règne dans les canots.

L'ennemi, c'est toujours le froid, qui attaque, ou plutôt mord, de toutes parts. Le froid et l'humidité. Bride distingue une embarcation non loin de lui et dans un sursaut d'énergie s'en rapproche. Des mains secourables l'agrippent puis le hissent *dessus*, et non *dedans*, car il s'agit du canot retourné, sur lequel tiennent tant bien que mal le deuxième officier Charles Lightoller et une trentaine d'occupants, frigorifiés mais saufs – du moins pour l'instant. Lorsqu'un des rescapés s'assoit sur ses jambes insensibles ou presque, Bride est trop faible pour le déloger. Chacun, sur cet esquif dérisoire, mesure sa chance d'échapper au terrible sort qui frappe les naufragés livrés aux flots.

Et c'est bientôt le silence qui peu à peu s'installe sous les étoiles pâles.

Ne surnagent plus que la triste réalité, à savoir l'évidence de la catastrophe qui vient de se produire, et sans doute les remords des survivants qui ont refusé de retourner sur les lieux où se débattaient des centaines de personnes jetées à la mer.

Doit-on maintenant s'en remettre au destin, à la Providence des marins ? En la circonstance, la Providence est un navire, le *Carpathia*, mais elle porte surtout le nom de son capitaine : Arthur Rostron.

5. Une seconde éternelle

« Les hommes sont ce qu'est l'instant. »

William Shakespeare,
Le Roi Lear

Combien de temps dure une seconde ? Un instant, une éternité ? Tout dépend du ressenti que l'on a du moment en question. Quoi qu'il en soit, c'est une seconde qui a décidé de la survie de 705 passagers et membres d'équipage du *Titanic*, au cours de la nuit du 14 au 15 avril 1912. Ce bref instant renferme l'histoire tragique du naufrage, ou plutôt cet infléchissement du destin qui a transformé un désastre en mythe, voire en miracle, sans en effacer, hélas, la dimension tragique. Sans cette petite seconde, le plus luxueux paquebot de son temps aurait sombré corps et âmes dans l'Atlantique Nord et dans l'oubli. Il est certain en effet que les occupants des canots de sauvetage auraient succombé au froid. Personne n'aurait pu témoigner.

À ce moment fatidique, donc, Harold Cottam, le jeune opérateur radio du *Carpathia*, s'apprête à aller se coucher au terme d'une journée bien remplie. Ses écouteurs encore sur les oreilles, il est en train de se déshabiller et attend un dernier message avant d'éteindre l'alimentation électrique de son équipement lorsqu'il décide de joindre son homologue sur le *Titanic* pour lui dire simplement : « Bonjour, mon vieux. Sais-tu que tu as des messages en attente de de Cape Cod, la station terrestre, dans le Massachusetts ? »

Il est plutôt désarçonné, voire choqué, quand sa salutation joyeuse est coupée net par Jack Phillips : « Venez sans tarder. Nous avons heurté un iceberg. C'est un CQD Old Man. Position 41° 46' N 50° 14' O. »

Le cœur de Cottam manque un battement.

Le *Titanic* a en réalité envoyé son premier appel à l'aide à 0 h 15. Mais à cet instant, Cottam était en train d'apporter au premier officier du *Carpathia*, Horace J. Dean, un résumé du trafic radio de la journée, ce qui lui a fait manquer le message.

Après avoir demandé au paquebot la confirmation de son appel et de sa position, un Cottam à moitié dévêtu se précipite sur la passerelle de commandement pour avertir Dean. Celui-ci n'a pas besoin de plus de détails pour comprendre qu'il faut agir, et vite. Avec Cottam sur les talons, il se rue vers l'échelle, traverse la chambre des cartes et, sans même frapper à la porte, fait irruption dans la cabine du capitaine Rostron, précédant de peu l'opérateur radio.

Les deux hommes sont si pressés qu'ils en oublient que le commandant est très strict quant au protocole imposé à bord de son navire, notamment à propos du respect dû à la hiérarchie et des précautions indispensables qui permettent de maintenir l'ordre lorsque l'on se trouve au milieu de nulle part. Sur l'instant, Rostron n'apprécie guère cette intrusion brutale. Mais il passe vite l'éponge quand il prend connaissance de l'extrême gravité de la situation. « Vous pouvez imaginer, dira-t-il plus tard, que je fus réveillé sans tarder et complètement stupéfait. »

À deux reprises, le capitaine demande à Cottam la confirmation de cette nouvelle. Le ton de son opérateur radio ne trompe pas quant à l'urgence en cours. Il lui répète qu'il a bien reçu ce message du *Titanic*, requérant une assistance immédiate, précisant sa position, et lui certifie qu'il est absolument certain de cet appel.

Il est 0 h 35. Les réflexes et la conscience de Rostron jouent aussitôt ; il ordonne le détournement immédiat du *Carpathia* vers le lieu du naufrage, puis intime à Cottam de retourner dans son local pour informer le *Titanic* que leur bâtiment fonce à pleine vapeur à sa rescousse : « Dites-lui que nous arrivons le plus vite possible ! » lance-t-il.

Pas tout à fait habillé, Rostron distribue des ordres qui formeront un enchaînement de mesures toutes logiques et complémentaires, afin de sauver ces vies et, peut-être, ce beau navire.

Cottam se précipite à son local, tape le message et, en retour, reçoit cette question qui dénote l'inquiétude de son interlocuteur : « Quand pensez-vous arriver ? » Cottam réplique : « Nous venons le plus rapidement que nous pouvons. Nous devrions être sur place dans quatre heures. » « TUOM (*Thank you, old man* – merci, mon vieux) », répond Phillips.

Il n'est désormais plus question de repos pour le jeune radio du *Carpathia*, qui hésite à utiliser son équipement, de peur d'entraver l'arrivée de messages en provenance du paquebot percuté. « Je suis demeuré sans arrêt à l'écoute du *Titanic* », dira plus tard Cottam aux enquêteurs. « Je l'ai d'ailleurs aidé dans ses communications, car l'échappement de la vapeur des chaudières et de l'air poussé à travers le joint de dilatation par l'eau rugissante qui envahissait le navire faisait un vacarme si assourdissant que l'opérateur avait du mal à lire les messages. Non seulement le bruit était insupportable, mais l'opérateur devait aussi endurer les vibrations qui faisaient trembler les parois du navire et du local. »

Dès l'instant où les moteurs du *Titanic* ont été mis à l'arrêt, il a fallu en effet purger les chaudières de la vapeur qui s'échappait comme tous les rugissements de l'enfer par une conduite unique sur le côté tribord de la cheminée avant. Cette sage décision, prise aussitôt après la collision, va limiter les dégâts et surtout éviter une terrible explosion au cas où l'eau aurait atteint la zone de chauffe. Toutefois, le bruit est d'une telle intensité que personne ne s'entend, surtout sur le pont des embarcations, si bien que les ordres doivent être hurlés au plus près des oreilles au moment de l'évacuation.

Cottam n'en capte pas moins les réponses envoyées au paquebot par d'autres navires, à l'image du *Frankfurt* et du *Mount Temple*, ainsi que, à 1 h 25, de l'*Olympic*, lequel navigue vers l'ouest, à environ cinq cents milles.

Toutefois, pas le moindre signal du *Californian*. Son opérateur radio a lui déjà éteint son équipement pour le reste de la nuit, il n'a donc pas pu entendre le message de détresse du *Titanic*.

La station radio de Cape Race, elle, l'a bien capté et s'est empressée de le relayer vers d'autres navires et d'autres stations. L'alerte est interceptée par des radios amateurs, dont, à New York, David Sarnoff, un jeune immigrant russe, opérateur radio à la Marconi Wireless Telegraph Company of America. Non content de recevoir les messages des navires mêlés à cette tragédie, Sarnoff les relaiera vers la presse. Comme Cottam, il va demeurer à son poste pendant plus de soixante-douze heures[1].

Une fois la position du *Titanic* confirmée, Rostron se met au travail pour déterminer la meilleure route possible avant de gagner rapidement la passerelle et de transmettre un cap au timonier. Voyant le maître d'équipage passer non loin, il lui ordonne d'oublier ce qu'il est en train de faire et d'aller préparer les canots de sauvetage. Sur l'instant, l'homme paraît décontenancé, mais Rostron le rassure : « Tout va bien. Nous allons porter assistance à un navire en détresse. »

1. Par la suite, Sarnoff deviendra l'une des personnalités majeures de la radio aux États-Unis et sera président de la Radio Corporation of America (RCA) et à l'origine de la National Broadcasting Company (NBC).

Cette nuit-là, tout l'océan est à l'écoute, et l'anxiété ne fait que croître sur le *Carpathia*, surtout lorsque Cottam entend le *Titanic* signaler à l'*Olympic* : « Nous mettons les femmes dans les canots de sauvetage. » À 1 h 45, le navire en détresse se fait pressant envers le *Carpathia* : « Venez le plus vite possible, car la salle des machines est en train d'être inondée jusqu'aux chaudières. »

À la lecture de ces deux messages, Rostron comprend pour la première fois que le *Titanic* est en train de sombrer. Jusque-là, il le pensait seulement endommagé, espérant qu'il resterait à flot, le temps pour le *Carpathia* et d'autres navires venus à la rescousse de récupérer tous les passagers, l'équipage et le courrier.

Même aux yeux de ce marin expérimenté et peu enclin à croire aux déclarations excessives de services de publicité des compagnies maritimes ou de la presse, il semble inconcevable qu'un navire comme le *Titanic* puisse couler. Mais force est de constater qu'à 1 h 45, les signaux radio du *Titanic* faiblissent. Cela signifie que la source électrique du navire est hors service et que l'on utilise maintenant une batterie d'appoint.

Puis, à 2 h 05, le *Titanic* cesse d'émettre.

6. Cavalier seul

« Ô combien d'actions, combien d'exploits célèbres
Sont demeurés sans gloire au milieu des ténèbres. »

Corneille,
Le Cid

Que faire face au pire ? Agir.

Chacun des actes de Rostron, chacune de ses paroles, le moindre de ses rapports avec son équipage et ses passagers forment un tout solide et cohérent, comme écrit d'avance, comme prédestiné, comme si la scène ô combien surréaliste avait été maintes fois répétée.

La chance, diront certains. Dieu, affirmera Rostron. Il faut ajouter aussi la volonté du capitaine. Porté par la conscience aiguë du danger, il se fond dans le gigantesque mécanisme de secours en lequel se métamorphose le *Carpathia*. Quant à son équipage, il le suivrait en enfer, justement la destination où il les conduit à toute vapeur.

Y aller ou pas ? Pas facile de faire cavalier seul, de prendre des décisions qui engagent la vie d'un équipage et de vos passagers, même pour en sauver d'autres. La carrière de Rostron est en jeu. Mais il connaît d'emblée la bonne réponse, sans ignorer les dangers qui le guettent. Il n'ignore pas non plus, pour avoir affronté des tempêtes terribles, que la peur peut aider à assumer certains actes, voire à se surpasser.

Pour l'heure, le *Carpathia* évolue dans un monde hostile. Rostron ne s'en inquiète pas. Il aime sentir la vibration haletante et puissante des machines, tandis que l'étrave ouvre la route dans la mer sombre.

« Je n'aime pas cet océan, ce soir, grommelle un officier. C'est calme, beaucoup trop calme. »

Près de lui, Rostron, sans doute préoccupé, garde un moment le silence.

« Comment vont les machines ? finit-il par demander doucement.

– Elles tiennent, commandant, par miracle, mais elles tiennent… »

Le bateau fend l'océan au rythme de l'aiguille qui, dans le cadran des pendules, tranche le temps. Et cette aiguille est l'ennemie. Chaque seconde compte quand des vies sont en jeu, et une force irrésistible semble pousser le *Carpathia* vers son but. Jamais, de mémoire de soutiers, on n'a entendu les moteurs tourner à un tel rythme, au point que les chaudières menacent d'exploser. Mais il y a cet appel venu de « là-bas », un appel sacré.

Rostron, qui justifie à chaque instant son surnom d'*Electric Spark* ou d'« Étincelle électrique », convoque dans la salle des cartes les officiers du *Carpathia*. Puis il ordonne au chef steward Harry Hughes de mobiliser les hommes afin de faire du café pour tous, mais aussi du thé et de la soupe, de préparer du cognac et du whisky pour les survivants, de disposer des piles de couvertures près des coupées, de convertir en dortoirs les fumoirs, le salon et la bibliothèque et de regrouper les passagers de troisième classe de façon à offrir de l'espace aux rescapés du *Titanic*.

Sur sa lancée, il demande au commissaire de bord, à son adjoint et au chef steward d'accueillir les survivants et de les assister. Postés aux coupées, ils devront relever l'identité de chaque survivant, afin de télégraphier les noms sans tarder. Dans le même temps, le capitaine ordonne à ses officiers de céder leurs cabines.

Rostron fait ensuite mander le médecin du bord, le docteur Francis Edward « Frank » McGee, et le charge de rassembler des stimulants, des médicaments et de la nourriture, ainsi que d'installer des postes de premiers soins dans chaque salle de restaurant. Si McGee reçoit la responsabilité d'intervention auprès des passagers de première classe, le médecin italien doit s'occuper de ceux de la seconde classe et le médecin hongrois de la troisième classe.

Bien sûr, toutes les coupées doivent être ouvertes, près desquelles des chaises de gabier seront prêtes à être descendues, de même que des échelles destinées au pilote, ainsi que des sacs en toile afin de remonter à bord les jeunes enfants, les personnes âgées et les blessés. Des fusées devront être prêtes à être tirées.

Des éclairages sont à disposer le long de la coque, ainsi que des filets pour faciliter l'embarquement. En outre, le capitaine recommande de faire préparer de l'huile, qui sera versée sur la mer si elle se révèle trop agitée pour la calmer et faciliter l'approche des canots. Il y aura sans doute à récupérer plus de deux mille personnes, avertit-il son équipage.

Tout en distribuant ses consignes, Rostron enjoint ses hommes à rester maîtres d'eux-mêmes, car il ne souhaite pas devoir les ajouter à sa liste de préoccupations, sur laquelle figurent déjà les passagers du *Carpathia*. Plus longtemps ces derniers dormiront, mieux ce sera. Il prend la précaution supplémentaire de placer des stewards dans les coursives, avec pour mission de rassurer les voyageurs qui s'aventureraient hors de leurs cabines et de les inviter à retourner se coucher. Un problème suffit, et le problème en question est de taille. Méticuleux et ordonné à l'extrême, Rostron charge le maître d'armes Thomas Manson et des stewards de garder à l'œil les passagers de troisième classe, dont on ne sait pas comment ils pourraient réagir pendant cette opération aussi délicate qu'inédite où ils seront déplacés. Rien n'est laissé au hasard.

De fait, des bruits inhabituels réveillent bientôt certains passagers à bord, dont le journaliste Howard Chapin. Ce dernier comprend que l'on s'affaire près du canot de sauvetage, juste au-dessus de sa cabine. Il en déduit vite que quelque chose cloche sur le navire. Après avoir réveillé et averti sa femme, il enfile un manteau et grimpe sur le pont. Là, un marin lui explique la situation. Howard remarque le froid mordant, mais note que la mer est calme. Il redescend à sa cabine, informe son épouse, puis tous deux s'habillent chaudement et retournent sur le pont.

Pendant ce temps, sur la passerelle de commandement, les hommes évitent de parler, tendus à l'extrême. Ils se déplacent en silence, les sens affûtés, écoutent les pulsations des machines en folie qui font vibrer le bateau. Leurs cœurs battent à l'unisson.

Le capitaine a ordonné au premier officier d'interrompre toutes les tâches de routine. Tous les marins disponibles ont dû monter sur le pont pour observer l'océan et détecter d'éventuels obstacles, mais aussi pour se tenir prêts à affaler les canots et à libérer les coupées. Soudain, un cri dénonce un morceau de glace à la dérive. L'homme de barre réagit aussitôt et contourne habilement l'écueil qu'il laisse ensuite, ballottant, dans son sillage. Un coup de sirène retentit alors, prévenant du même coup d'autres navires éventuellement présents sur cette zone du passage rapide du *Carpathia*.

Le chef mécanicien Alexander Johnstone[1], un marin expérimenté de bientôt 60 ans, est chargé par Rostron de stimuler les chauffeurs. « Il me faut de la vapeur, beaucoup de vapeur, tout ce que vous pourrez tirer des chaudières,

1. Le patronyme s'orthographie aussi Johnston.

et même davantage. Coupez l'alimentation des cabines et de toutes les parties du navire où elle n'est pas nécessaire. Concentrez la vapeur vers les deux moteurs de propulsion. Nous sommes lancés dans une course contre la montre pour sauver des gens en grand danger à cinquante-huit milles marins[1]. Foncez ! » Le chef mécanicien hoche la tête. Il connaît ses hommes, dont il répond. Il connaît son navire. Il connaît surtout Rostron. En l'espace de quelques minutes, le *Carpathia* adopte une allure inhabituelle, atteignant les 17,5 nœuds, beaucoup plus que ce dont ses concepteurs auraient pu rêver. Cottam transmet des nouvelles encourageantes au *Titanic* : « On fonce à pleine vapeur à votre secours. Nos canots seront prêts à être affalés… » Malheureusement, il ne reçoit plus la moindre réponse.

Quelle heure est-il ? En tout cas, le navire bourdonne d'activité.

Rostron connaît bien ses hommes et leurs talents. Il n'ignore pas que le deuxième officier James Bisset possède une vue remarquable. Il lui donne l'ordre de se placer à tribord, à l'extrémité de l'aile de la passerelle de commandement. Il devient ainsi l'œil principal du *Carpathia*, car mille dangers guettent maintenant le navire. D'autres veilleurs ont été placés à la proue et sur les bords. « Je vais demeurer sur la passerelle, lui dit Rostron. Sur cette

1. Soit 107 km environ.

mer calme, inutile de chercher un petit ressac à la base des icebergs, vous serez averti par le reflet des étoiles à leur sommet. Nous allons atteindre le champ de glace vers 3 heures du matin ou peut-être plus tôt. Des vigies supplémentaires vont être mises en place à la proue et à bâbord, à l'autre extrémité de la passerelle, mais je compte essentiellement sur vous et votre vue exceptionnelle, et sur l'aide de Dieu, pour nous signaler tout obstacle à temps, de façon que nous puissions l'éviter. Montrez-vous très attentif[1] ! »

À cet instant, un marin vient l'avertir que les treuils et les guindeaux fonctionnent et sont prêts à la manœuvre. « Tout est paré, commandant, ajoute-t-il. Je viens de faire un tour dans les magasins ; filins, aussières, prélarts, manches, tous les équipements et outils de rechange sont en place. En principe, nous ne manquerons de rien. »

Rostron se contente d'acquiescer puis s'éloigne. Bisset l'observe s'arrêter un instant face à l'obscurité dans laquelle le *Carpathia* s'enfonce à toute vitesse. Il voit nettement les lèvres du capitaine bouger sans émettre le moindre son.

Il prie.

1. Sir James Bisset, *op. cit.*

7. Le silence de la mer

« La radieuse journée est finie,
et nous entrons dans les ténèbres. »

Shakespeare,
Antoine et Cléopâtre

Pendant ce temps, 1 500 personnes sont en train de périr ou ont déjà trouvé la mort, et plus de 200 autres grelottent dans des canots perdus au milieu de nulle part.

À bord du canot n° 2, le quatrième officier Joseph Boxhall s'active pour ménager les survivants et maximiser leurs chances d'être sauvés. Il a emporté avec lui une boîte de fusées vertes ; il en tire huit ou neuf à intervalle régulier pour se signaler aux autres embarcations et aux navires de secours. Les naufragés tétanisés et frigorifiés ont assisté aux ultimes soubresauts du navire. Avec un surcroît de terreur, certains d'entre eux ont imaginé des grappes humaines se détachant de la poupe redressée à plus de 70 mètres au-dessus du niveau de la mer, et chuter. Ce ruissellement de corps a entraîné sans doute un parent, un ami, vers le gouffre où ils ont disparu.

À 2 h 40, Bisset aperçoit une lumière verte à l'horizon, droit devant. Il pense tout d'abord au feu de navigation tribord d'un vapeur, peut-être le *Titanic*, mais dans ce cas le paquebot est bizarrement plus proche que ses estimations. « Cependant, dira-t-il, cette lueur a disparu, et nous avons compris qu'il s'agissait d'un engin pyrotechnique tiré à environ 150 mètres au-dessus du niveau de la mer, ce qui le rendait visible à une distance de vingt-cinq milles. [...] Quand l'éclat vert a été visible devant nous, le capitaine Rostron a ordonné de répondre tous les quarts d'heure avec le tir d'une fusée qui donnerait l'identification de la Cunard (chandelles romaines), ce qui permettrait au *Titanic* de localiser le *Carpathia*. En même temps, l'explosion des fusées rendait le travail des vigies plus délicat car ils étaient éblouis, voire aveuglés. »

Cinq minutes plus tard, à 2 h 45, grâce au reflet des étoiles, Bisset repère un iceberg à environ trois-quarts de mille sur la gauche de la proue, ce qui amène aussitôt Rostron à réduire la vitesse. Dès le danger contourné, le *Carpathia* reprend sa charge.

À 3 h 15, le navire se trouve à douze milles de la position mentionnée par le radio du *Titanic*. Il met le cap dans cette direction, mais on s'étonne sur la passerelle de ne pas avoir encore aperçu les feux de mât du *Titanic*, pas plus d'ailleurs qu'aucun autre éclairage du grand navire. De nombreux icebergs encerclent à présent le *Carpathia*, qui ne cesse de louvoyer entre eux. Le danger prend aussi la forme de *growlers*, qui viennent frotter les plaques d'acier de la coque.

À 3 h 30, le commissaire de bord et le chef steward annoncent à Rostron que leurs équipes sont prêtes. Cinq minutes plus tard, satisfait de cette mise en place générale, le capitaine, calculant qu'il est maintenant proche de la position du *Titanic*, appelle la salle des machines pour demander aux mécaniciens de se préparer à la manœuvre. Au même instant, les occupants du canot n° 13 aperçoivent une des fusées du *Carpathia*. Tous les regards se braquent dans cette direction quand apparaît une lumière puis une seconde, juste en dessous. Cela signifie, sans l'ombre d'un doute, qu'un bateau se dirige droit sur eux. Les naufragés s'empressent de créer des torches en enflammant les quelques feuilles de papier qu'ils ont pu sauver, à la fois pour être vus et pour éviter d'être écrasés. Une nouvelle fusée de Boxhall est tirée, et celle-ci oriente définitivement le *Carpathia* dans la bonne direction.

Au terme de trois heures et demie de la course la plus folle de sa carrière, Rostron fait réduire de moitié la vitesse de son vaisseau. Tous les sens aux aguets, il scrute l'environnement hallucinant et glacé que la pénombre rend encore plus menaçant. Là devrait flotter le grand navire blessé. Or, il ne distingue rien. Absolument rien.

Dans un silence parfois brisé par les craquements sinistres de la glace, le paquebot s'engage prudemment vers la lueur qui semble au ras de l'eau, ce qui empêche de bien pouvoir juger de la distance. Rostron en déduit que la fusée éclairante provient… d'un canot. Une tristesse infinie l'envahit alors, sans qu'il n'en laisse rien paraître.

Ils arrivent trop tard.

Le jour se lève sur la désolation.

Sur l'océan silencieux flottent encore, comme des lambeaux de désespoir, des réminiscences des souffrances de la nuit, des cris d'effroi poussés par les centaines de malheureux condamnés à la noyade, à une mort glacée ou déjà entraînés dans les abysses, prisonniers de la carcasse du navire.

Rostron demeure pensif. Il prend la mesure des risques qu'il a fait courir à ses passagers et à son équipage. « Lorsqu'il a fait jour, écrira-t-il[1], j'ai vu les glaces que j'avais traversées pendant la nuit. J'ai frémi et je n'ai pu que penser qu'une autre main que la mienne avait tenu la barre cette nuit-là. […] Des icebergs avaient surgi et disparu sur l'arrière mais nous n'avons jamais ralenti… » Non loin du pacha, Bisset lui-même reste abasourdi par ce qu'ils viennent d'accomplir : « Nous avions mis trois heures et demie pour parcourir cette grande distance. Un record. Un miracle. »

Sur le *Carpathia*, l'incrédulité le dispute à l'incompréhension. Comment un vaisseau aussi sûr a-t-il pu sombrer sur une mer d'huile ? Comment se fait-il qu'il n'y ait pas de survivants ?

« Rien devant ni à tribord ? demande Rostron.

1. Arthur Rostron, *op. cit.*

– Rien, commandant.

– Et à bâbord ?

– Non plus, commandant… »

« Trop tard, j'arrive trop tard », pense-t-il. L'océan s'étend à perte de vue, et l'on remarque encore des icebergs. Leur course folle aurait-elle été vaine ?

Les minutes passent, interminables, quand enfin, peu après 4 heures, les hommes du *Carpathia* postés sur la passerelle repèrent un premier canot à environ un quart de mille de distance. « J'ai ensuite été si occupé que je ne me souviens plus très bien de ce qui s'est passé. Mon esprit était complètement mobilisé par la récupération des survivants », dira Rostron.

Comme souvent à l'aube, la brise s'est levée et agite la surface de l'eau. L'embarcation est ballottée par la houle, mais les rameurs réagissent à peine. Ils semblent épuisés. Rostron fait redémarrer les machines pour amener le *Carpathia* sur tribord en vue de récupérer le canot à bâbord, sous le vent.

Soudain, une voix retentit :

« Nous n'avons qu'un marin à bord, et nous ne pourrons pas nous diriger au mieux !

– D'accord ! » crie Rostron avant d'amener doucement le *Carpathia* au contact, si bien que la voix le hèle de nouveau pour lui demander de couper ses moteurs.

Un officier – il s'agit de Boxhall, quatrième officier du *Titanic* –, debout à l'arrière du canot, tient le gouvernail. Quatre hommes visiblement inexpérimentés manient faiblement les rames. On dénombre aussi, recroquevillés et frigorifiés, 25 femmes et 10 enfants. L'évacuation peut commencer.

Bisset se rue avec les deux marins à l'avant du pont, où des échelles de cordes ont été déroulées par-dessus le bastingage. Les trois hommes descendent prestement vers l'embarcation. Ils sautent à bord, parviennent à la stabiliser et à la faire avancer jusqu'au niveau d'une ouverture sur le pont C. Rapidement, ils constatent que les survivants sont exténués et incapables ne serait-ce que de grimper sur l'échelle de Jacob. Tous tremblent de froid, et sont pour la plupart peu vêtus.

Il est décidé, sans perdre une minute, de hisser les femmes sur les chaises arrimées à des cordages, et les enfants dans les sacs de toile préparés à cet effet. Pendant toute cette délicate opération, Bisset et ses deux hommes s'emploient à apaiser les craintes des occupants du canot jusqu'à leur évacuation. Tous, malgré leurs peurs et leurs traumatismes, ont un comportement exemplaire. Ils attendent leur tour avec patience, presque avec résignation.

À 4 h 10, Elizabeth Walton Allen, une passagère de première classe âgée de 29 ans, est la première rescapée à être accueillie à bord. Bisset se souviendra d'une femme portant des pantoufles et une simple chemise de nuit sous un manteau de fourrure. « J'ai cru qu'elle protégeait [dessous] un bébé : il s'agissait d'un petit chien. Elle m'a imploré de prendre bien soin de son animal de compagnie, semblant plus concernée par sa sécurité que par la sienne propre. »

Une fois les femmes et les enfants en sûreté, les quatre rameurs et l'officier suivent. Boxhall est le dernier à quitter le canot. Bisset remonte à son tour, laissant les deux marins du *Carpathia* manœuvrer l'embarcation jusqu'à ce qu'elle soit hissée.

Sur la passerelle, quand il aperçoit le visage défait que Boxhall lève vers lui, Rostron n'a pas besoin d'un dessin pour comprendre l'étendue du désastre.

« Le *Titanic* a coulé ? l'interroge-t-il néanmoins.

– Oui », répond l'officier dont la voix se brise quand il précise que le navire a disparu vers 2 h 30.

Il est à présent 4 h 20. Le drame s'est déroulé deux heures plus tôt.

Rostron demande alors combien de personnes ont été englouties avec lui.

« Des centaines et des centaines, peut-être un millier ! Peut-être davantage… révèle Boxhall avec peine, avant de laisser couler ses larmes, sous le coup d'une émotion trop longtemps contenue et qui déferle soudain. Mon Dieu, monsieur, ils ont coulé avec le navire. Ils ne pouvaient pas survivre dans cette eau glaciale. »

Un silence pesant suit cette déclaration, qui fait voler en éclats l'espoir auquel chacun voulait croire à bord du *Carpathia*. D'une voix désespérée, Boxhall ajoute que le navire était maudit depuis le départ, ce qui fait frissonner les marins présents. Mais Rostron lui prend le bras et s'adresse à lui d'une voix douce :

« Ne vous inquiétez pas de ça, mon garçon. Dites-moi plutôt si tous les canots ont pu être mis à la mer sans problème.

– Je crois, monsieur, mais c'était difficile à voir dans cette obscurité. Il y avait seize canots de sauvetage et quatre canots pliables où les femmes et les enfants ont été invités à embarquer. La plupart des embarcations n'étaient pas remplies, notamment parce que des passagers ne croyaient pas au naufrage du *Titanic*. Ils refusaient aussi de monter dans des embarcations suspendues à plusieurs mètres au-dessus d'une eau noire… Nous avions encore de la place pour douze personnes dans notre embarcation, mais on n'y voyait rien, surtout après la disparition du *Titanic*.

– Merci, répond simplement Rostron. Descendez prendre une boisson et essayez de vous réchauffer[1]. »

Dans l'immédiat, il lui faut maintenant retrouver les autres embarcations et, peut-être, d'éventuels survivants. À mesure que le jour se lève, il révèle un spectacle incroyable : des icebergs partout, jusque sur l'horizon. Quatre ou cinq d'entre eux, énormes, hauts de plus de 60 mètres, dominent les autres. Au nord, un champ de glace s'étend sur plusieurs milles vers l'ouest. C'est alors que l'équipage du *Carpathia* commence à distinguer, au beau milieu des glaces et jusqu'à quatre milles de distance, les autres canots.

1. Sir James Bisset, *op. cit.*

Par quel miracle n'ont-ils pas été broyés par ces mastodontes en mouvement ?

Les canots se rapprochent un à un, en silence. Les rescapés montent à bord du *Carpathia* ou y sont hissés sans un pleur, sans une lamentation, sans un cri. Tous sont sous le choc. C'est ce silence singulier qui frappe le plus le capitaine Rostron. Il aura toujours du mal, même en famille, à le décrire. « Nous avons découvert les occupants à mesure qu'ils montaient ou étaient hissés à bord du *Carpathia*. Chaque membre de mon équipage, chaque officier était présent pour accueillir ces pauvres gens désorientés, traumatisés, silencieux et surtout frigorifiés. Je suis dans l'incapacité de vous dire ce que j'ai entendu et ressenti pendant ce sauvetage », témoignera Rostron.

Avec l'arrivée de la lumière du jour, par nuances, personne ne se laisse aller à une salutaire griserie. À environ un mille, on aperçoit une masse de débris qui situe sans doute l'emplacement du naufrage. La glace est partout, toujours dangereuse. Tout au long des opérations de sauvetage, Rostron se tient droit, à sa place, sur la passerelle de commandement. Il sait les rescapés en danger de mort pour avoir été longtemps exposés au froid intense. Les sauver requiert d'agir, et vite.

8. L'amour à mort

« La vie est toujours dangereuse,
mais le plus dangereux, c'est de vivre
sans faire le travail qu'on aime. »

David Oïstrakh,
violoniste et chef d'orchestre
(Conférence de presse à Amsterdam,
le 22 octobre 1974.)

Une fois que le *Titanic* a été englouti et que les bruits infernaux de l'agonie des passagers se sont estompés, le pire restait à venir. Des hurlements de souffrance et de terreur, des plaintes, des pleurs ont comme jailli de la mer. Les émotions les plus diverses n'ont pas manqué dans le canot n° 5, à bord duquel George A. Harder, un industriel âgé de 25 ans, a eu du mal à prendre place. Par chance, Bruce Ismay veille à l'embarquement, il pousse d'abord Mme Harder dans l'embarcation, puis son mari suit. Certes, il n'y a qu'un écart de cinquante centimètres entre le navire et l'embarcation, mais, comme dira M. Harder : « Il fallait tout de même sauter dedans et oublier le vide obscur. » Au moment de la descente, l'un des deux filins auquel est reliée l'embarcation agit plus vite que l'autre, ce qui la déséquilibre et manque d'en projeter les occupants dans les flots. Sans les cris poussés pour alerter les marins qui effectuaient cette mise à l'eau, le canot se serait retrouvé dans une position verticale. On constate rapidement qu'il est impossible de le détacher du palan. Un couteau providentiel libère enfin l'embarcation. Le canot s'éloigne donc vers une sécurité relative.

Herbert John Pitman, troisième officier, en charge du canot n° 5, décide sans tarder de retourner sur la zone du naufrage et en informe les rameurs, mais les occupants objectent qu'ils risquent d'être submergés par le nombre des désespérés qui se débattent dans l'eau. Pitman tente de leur expliquer que leur canot peut recueillir encore 20 à 25 personnes avant d'être considéré rempli. Hélas, ses passagers demeurent fermes. Chacun veut sauver sa peau.

Le canot reste sur place, dérive lentement, tandis que les lamentations, les cris d'angoisse, de désespoir, de frayeur et les pleurs s'estompent[1]. Puis le *Carpathia* apparaît, Pitman se souvient de ce moment : « Nous avons aperçu les feux

1. Quand, le mardi 23 avril 1912, au quatrième jour des auditions de la Commission sénatoriale d'enquête américaine, le sénateur Smith l'interrogera à ce propos, lui demandant notamment s'il s'agissait d'un chœur de cris et de plaintes, Herbert Pitman, sans doute hanté par cette agonie, lui répondra préférer ne plus aborder ce sujet.

du *Carpathia* vers 3 h 30, à environ cinq milles. Nous avons attendu d'être sûrs qu'il s'agissait bien d'un vapeur et non d'une étoile avant de ramer dans sa direction. »

Dans ce canot n° 5 se trouvent Karl Howell Behr, avocat et champion de tennis, et Helen Newsom, accompagnée de ses parents et d'un couple d'amis. Malgré les réticences des parents de la jeune femme, Behr aurait formulé sa demande en mariage à bord de l'embarcation de sauvetage ; ils se marieront en 1913. Conscient de l'extraordinaire accomplissement du capitaine Rostron, Behr constituera par ailleurs un comité, afin de lui offrir une belle récompense.

À bord du canot n° 5 se trouve également une femme silencieuse, Annie Stengel. Elle tremble pour son mari, Henry, qui l'a placée en sécurité sur ce canot en ignorant encore qu'il va échapper à la mort grâce au canot n° 1. L'arrivée sur le *Carpathia*, à 6 heures, ne la délivre pas. Seule l'apparition de son mari la libère enfin ; elle dira plus tard : « Je crois que c'est le moment le plus précieux que j'aie connu dans ma vie[1]. » Henry Stengel partage assurément le soulagement de sa femme, mais l'horreur de cette nuit est imprimée dans son esprit, au point que les médecins imputeront son décès, le 19 avril 1914, à ce que l'on peut appeler le choc en retour. En effet, il a assisté à toutes les phases du naufrage, dont des scènes terrifiantes :

1. Propos consignés par l'Encyclopedia Titanic dans la biographie consacrée à Annie May Stengel.

« J'ai pensé, dira-t-il sur le *Carpathia*, que des gens prisonniers du navire se jetaient à l'eau. C'était affreux. C'était comme un horrible gémissement. Si on ne pouvait pas apercevoir les personnes, on les entendait, hélas ! [...] Il s'agissait d'un spectacle insupportable, cette poupe en l'air, un spectacle que je n'ai pu supporter davantage, surtout quand j'ai entendu les hurlements, les cris. J'ai tourné le dos au naufrage et j'ai dit que je ne pouvais pas endurer ça plus longtemps[1]. »

Il se dit aussi que nombre de ces malheureux promis à une fin atroce auraient pu être sauvés par le canot n° 1, le moins chargé de tous. Cette embarcation a fait grand bruit, car ses marins auraient été soudoyés par le milliardaire britannique Duff Gordon pour ne pas retourner sur les lieux du naufrage, afin d'y repêcher des survivants.

Sir Cosmo Edmund Duff Gordon, cinquième baronnet du nom depuis 1896, ne fait rien de particulier dans la vie, sinon profiter de la fortune bâtie par l'un de ses aïeux, notamment au cours des guerres napoléoniennes. Il doit son titre de baronnet à un cousin mort sans descendance. D'un point de vue social, il connaît une ascension fulgurante : en 1900, il épouse la veuve Lucy Wallace, née Lucy Christina Suntherland le 13 juin 1863 à Londres,

1. Témoignage produit par Charles Henry Stengel le mardi 30 avril 1912 lors de son audition devant la Commission sénatoriale d'enquête américaine.

qui figure parmi les créatrices de mode les plus en vue et a pignon sur rue avec « La Maison de Lucile », une boutique très fréquentée par l'establishment. La jeune femme a pour sœur cadette une célèbre romancière, qui publie des nouvelles érotiques sous le pseudonyme d'Elinor Glyn. Mais, surtout, cette dernière est la maîtresse de Lord Curzon, vice-roi des Indes, ce qui a pu profiter au couple Duff Gordon.

La nuit du naufrage, tous deux prennent place à bord du canot de secours n° 1 avec dix autres occupants, pourtant conçu pour accueillir au moins quarante personnes. D'où cette double interrogation qui longtemps perdurera : pourquoi ce canot est-il mis à la mer, alors qu'une trentaine de passagers peuvent encore y prendre place ? Et, surtout, pourquoi le canot ne revient-il pas sur les lieux du naufrage, une fois le *Titanic* englouti et tout danger de succion écarté, pour secourir des victimes restées dans l'eau glacée ?

C'est le vigie George Symons qui, en tant que responsable de l'embarcation, devra affirmer qu'il ne reste aucun passager sur le pont quand elle est affalée, vers 1 h 10. Le milliardaire Duff Gordon apportera également son explication[1] : si le canot n'emporte que douze occupants, c'est tout simplement parce que, pour en accueillir davantage, il faudrait se passer des rames, du mât, de la voile et de

1. Témoignage de Sir Cosmo Duff Gordon devant la Commission d'enquête britannique, le 17 mai 1912.

tout un tas de choses qui se trouvent à bord. Une réponse étrange quand on sait que les embarcations sont étudiées pour un certain nombre d'occupants et que les équipements ont été pensés pour respecter cette donnée…

Lors de la Commission d'enquête sénatoriale, ce sera surtout la seconde question, concernant le fait de ne pas revenir vers le *Titanic* pour aider d'autres victimes, à laquelle devront répondre les Duff Gordon.

George Symons a effectivement reçu pour ordre du capitaine Smith, relayé par le premier officier Murdoch, d'emporter les occupants du canot jusqu'à un navire dont on suspecte la présence au large, puis de revenir prendre de nouveaux passagers. Mais quel navire ?

Tout autour du canot s'élèvent des cris d'agonie ou d'appel au secours poussés par des centaines de pauvres gens plongés dans des ténèbres glacées. C'en est trop pour l'un des passagers du canot, le chauffeur Charles Osker Hendrickson, qui sans même avoir connaissance des ordres de Symons, élève la voix pour inciter ses compagnons à porter secours aux survivants. Selon une première déposition qu'Osker Hendrickson fera le 17 mai 1912 devant la Commission d'enquête britannique, les femmes sur le canot s'opposent au sauvetage ; notamment Lady Duff Gordon, qui s'y oppose vigoureusement. On redoute que les naufragés jetés à la mer, eux aussi en proie à la panique et au désespoir, eux aussi poussés par l'instinct de conservation, ne fassent chavirer leur canot en le prenant d'assaut.

Duff Gordon jurera qu'il n'entend personne suggérer qu'il faut retourner sauver ces gens qui meurent dans l'eau glacée, pas plus qu'il n'entend quiconque – dont sa femme – s'y opposer. De fait, dans une deuxième déposition, le 17 mai 1912, Osker Hendrickson affirmera cette fois que sa proposition n'obtient aucune réponse ; il pense alors que personne ne l'a entendu, chacun étant plongé dans ses pensées. Il faut se souvenir du caractère exceptionnel des conditions dans lesquelles se trouvaient les occupants de ce canot plongé dans les ténèbres après la disparition du navire, et comprendre la terreur qu'ils devaient vivre comme le traumatisme que cela a causé.

C'est tout de même bizarre, estimeront les enquêteurs britanniques, que Duff Gordon n'ait pas entendu Osker Hendrickson suggérer un retour sur le lieu du naufrage pour sauver des gens, ni sa femme s'élever contre. George Taylor, un homme assis juste à côté de Duff Gordon dans le canot, indiquera pourtant avoir nettement entendu la Lady redouter que les naufragés fassent chavirer leur embarcation si on se rendait sur le lieu du sinistre.

« J'avoue avoir eu l'esprit embrouillé une fois dans le canot, si bien que je ne me souviens pas de tout ce qui a pu s'y passer », rapportera Lady Duff Gordon. Sur le canot, elle souffre d'un « mal de mer terrible » et ne se souviendra pas que l'ordre de revenir en arrière ait été donné.

Est-ce une conséquence admissible du traumatisme subi cette nuit-là ? Duff Gordon, qui a assisté pratiquement aux derniers instants du *Titanic*, affirmera qu'un silence de mort a suivi l'engloutissement final et que les cris poussés ici et là n'étaient pas distincts, et qu'ils n'auraient pas duré : « Je me préoccupais surtout de ma femme. Vous savez, nous étions dans des conditions anormales. De toute façon, nous étions trop loin de l'endroit où avait disparu le *Titanic*, et il faisait trop noir pour apercevoir quoi que ce soit. Enfin, je n'ai entendu personne dire que nous risquions de chavirer si nous retournions vers les cris, car les malheureux pourraient prendre d'assaut l'embarcation. Je pense même que ce sujet n'a pas été abordé. Je ne pense pas non plus qu'il aurait été possible de sauver ces gens[1]. »

On apprendra par ailleurs que Sir Duff Gordon promet aux hommes d'équipage de leur remettre à chacun 5 livres[2], soit l'équivalent d'un salaire mensuel – afin de remplacer leurs affaires englouties dans le naufrage, ou pour les décourager de revenir sur les lieux du naufrage ?

Contrairement à ce que d'aucuns affirmeront pour accabler les Duff Gordon, jamais une remise d'argent n'a eu lieu dans le canot ; si Hendrickson confirmera que Duff Gordon a fait une telle promesse, ça n'est qu'une fois le *Carpathia* en vue : il y a donc longtemps que les malheureux jetés à la mer étaient morts de froid ou noyés…

1. Déposition devant la Commission d'enquête britannique le 17 mai 1912.

2. Témoignage du marin James Taylor devant la Commission d'enquête britannique le 17 mai 1912.

Duff Gordon lui-même reconnaîtra avoir promis de l'argent quand un rameur lui annonce qu'il a tout perdu et que la White Star Line va cesser toute rémunération à compter de cette nuit, comme c'est alors la règle. La promesse des 5 livres le rassure ; par la suite, le capitaine Rostron, mis dans la confidence, ne jugera le dédommagement pas nécessaire, mais Duff Gordon rétorquera en riant : « J'ai promis et je le leur donnerai ! » En outre, Duff Gordon s'engage à prévenir leurs familles qu'ils sont sains et saufs[1].

Il tiendra sa promesse la veille de l'arrivée du *Carpathia* à New York : chacun des sept membres d'équipage du canot n° 1 recevra son chèque sur le pont-promenade du navire.

Malgré cela et malgré certains soutiens, un doute subsistera toujours à propos de Duff Gordon et de son échange avec les marins du *Titanic*, et il ne pourra jamais se débarrasser complètement de son étiquette d'homme ayant soudoyé des marins, abandonnant de possibles survivants. Sa réputation mise à mal, Duff Gordon s'éloignera des affaires et partagera ensuite sa vie entre l'Écosse et Le Caire, avant de s'éteindre à Londres en 1931.

1. Déposition de Duff Gordon devant la Commission d'enquête britannique, le 17 mai 1912.

9. L'Étincelle électrique

« À la naissance, on nous donne
une étincelle de folie.
On n'est rien si on la perd. »

Robin Williams,
A Night at the Roxy

Les passagers du *Carpathia*, alignés près du bastingage et réunis dans un silence solennel, assistent à l'arrivée des premiers rescapés exténués à leur bord.

Certains d'entre eux ont assisté de loin à l'entretien de Rostron avec Boxhall. Il ne leur a pas été nécessaire d'entendre l'échange entre les deux hommes : la gravité des visages et surtout le désespoir de l'officier du *Titanic* ont suffi.

Cette nuit-là, Joseph Boxhall aura vécu plusieurs vies, et aura été excellent dans chaque situation. En effet, le quatrième officier du *Titanic* a joué un rôle déterminant pendant les différents épisodes du drame.

Joseph Groves Boxhall était à son affaire. Comme la majeure partie de l'équipage du *Titanic*, il a respiré l'air marin depuis sa naissance à Hull, dans le Yorkshire, le

23 mars 1884. On peut même se demander si de l'eau de mer ne lui tient pas lieu de sang, car sa famille se voue à l'océan depuis plusieurs générations. Il démontre vite l'éventail de ses qualités humaines et de marin.

À 0 h 10, le 15 avril 1912, de retour à la passerelle, non sans avoir réveillé Lightoller et Pitman, il établit la position du navire, qu'il s'empresse de transmettre aux opérateurs radio Jack Phillips et Harold Bride, ceux-ci, dans leurs premiers appels de détresse, ayant indiqué une position erronée.

Un instant, au cœur de cette précipitation, il se laisse envahir par une bouffée d'espoir car, en scrutant l'obscurité relative, il aperçoit les feux d'un navire. Accompagné du quartier-maître George Arthur Rowe, il se démène pour attirer son attention, expédie des fusées, agite une lampe morse. Mais on ne leur répond pas.

Pendant l'évacuation des passagers, il tire plusieurs fusées de détresse, sans plus de succès, à partir de l'aile tribord de la passerelle. Il aide notamment le canot n° 2 à embarquer ; l'ambiance, alors, n'est pas encore à l'affolement – à la vue de Luigi Gatti, avec son haut-de-forme sur la tête, on le croirait même attendre le train. Boxhall doit pourtant demander un couteau pour couper les cordes qui retiennent l'embarcation. Il reçoit ensuite l'ordre de prendre place sur le canot n° 12, qui est mis à la mer à 1 h 45 avec dix-huit personnes à son bord, alors qu'il possède une capacité de quarante places. L'officier emporte avec lui une boîte de fusées éclairantes – celles qu'il tirera à intervalle régulier et avec lesquelles il parviendra à attirer l'attention du *Carpathia*.

Après l'engloutissement du paquebot, Boxhall propose de se rapprocher de la zone du drame pour sauver des naufragés promis sinon à la noyade ou à mourir de froid, mais les femmes présentes refusent. Il se range finalement à leur avis car, pour d'autres raisons, la manœuvre pourrait se révéler dangereuse.

Peu après que les canots du *Titanic* ont été hissés sur le *Carpathia*, il rejoint Rostron et lui raconte l'épisode troublant des lumières dans la nuit vues à partir de la passerelle[1] : « Je me trouvais à bâbord, où les hommes débâchaient les canots, et j'ai effectivement vu cette lumière. Grâce aux jumelles, j'ai constaté qu'il s'agissait en fait des deux feux de mâts d'un vapeur. J'ai alors nettement visualisé une lumière verte et une lumière rouge, de même que ses feux latéraux. J'ai ensuite pu me passer des jumelles pour voir à l'œil nu son feu rouge. D'après ce que je sais des navires, je parierais que celui-ci était un vapeur à quatre mâts, à cause des feux rapprochés.

« D'aucuns, parmi les nombreuses personnes qui le regardaient, parmi lesquelles un quartier-maître et le capitaine Smith, ont affirmé que ce navire avait répondu à nos fusées. Quand nous avons été plus près, à environ cinq ou six milles, j'ai utilisé une lampe morse pour envoyer

1. Témoignage de Joseph Boxhall devant la Commission d'enquête américaine, le lundi 22 avril 1912.

des messages. Il semblerait que le navire ait probablement répondu, également avec une lampe morse, mais je n'ai rien vu, contrairement à des témoins qui affirment avoir discerné des flashes.

« Le quartier-maître et le capitaine ont attentivement observé la scène avec leurs jumelles, tandis que j'actionnais la lampe morse, mais ils n'ont repéré aucune réponse. Puis ce vapeur a amorcé lentement un large virage, si bien que j'ai fini par voir son feu de poupe. En tout cas, ce vapeur qui semblait avancer dans notre direction a fait demi-tour. »

C'est l'un des mystères de cette nuit tragique.

Stanton Coit, un philosophe américain de 54 ans, bardé de diplômes, décrochés notamment au fameux Amherst College, à l'université Columbia et à celle de Berlin, devenu président de la West London Ethical Society, voyageait en première classe sur le *Carpathia*. C'est un steward qui le réveille, le lundi matin à 5 h 30, pour lui annoncer que leur navire, maintenant à l'arrêt, procède à la récupération des survivants du *Titanic* qui vient de sombrer. Il se précipite alors sur le pont, où il découvre un spectacle hallucinant : un environnement de glace et d'icebergs, et des canots de sauvetage éparpillés sur une mer qui commence à s'agiter.

Coit se retrouve aux premières loges pour assister à l'arrivée à bord des premiers rescapés, frigorifiés, mouillés, tellement transis qu'ils se déplacent avec difficulté et qu'ils doivent être soutenus. Certains balbutient quelques mots sans suite logique, mais une terrible vérité ressort vite de ces bribes : des centaines de personnes sont mortes, vraisemblablement noyées ou de froid, et les femmes constituent la majorité des survivants. Le calme de ces pauvres gens surprend Coit, notamment celui d'une femme dont le peu de vêtements démontre la hâte avec laquelle elle a dû quitter le navire. Elle paraît impassible, comme au-delà des émotions. Quand il lui demande si elle était sur le *Titanic*, elle répond simplement par l'affirmative, avant d'ajouter, sur le ton d'une conversation banale : « Et j'ai vu mon mari couler. »

Pour l'heure, point d'hystérie. Les nouveaux arrivés semblent assommés et vidés de toute sensation. Ils parlent néanmoins de la parfaite maîtrise de soi dont ont fait preuve les maris au moment de la séparation d'avec leurs épouses, car certaines refusaient de les abandonner, si bien qu'il a fallu les jeter dans les embarcations contre leur gré.

Cette misère morale émeut les occupants du *Carpathia*, qui offrent des vêtements ou une place dans leurs cabines. Accueillis au mieux, les survivants sont pris en charge avec délicatesse, voire beaucoup de gentillesse, et conduits jusqu'aux salles de restaurant où leur sont servis des boissons chaudes, du café, de la soupe et des sandwichs. Ces attentions, et surtout la chaleur humaine dont ils entourent les rescapés, vaudront à Rostron et à son équipage une reconnaissance éternelle.

10. Précieuses images

« Un naufragé garde l'horreur des flots,
même tranquilles. »

Ovide,
Les Pontiques, II, 7, 8.

L'arrivée des canots près du *Carpathia* permet de dénombrer un peu plus de 700 rescapés alors que le navire accueillait plus de 2 200 personnes.

Chaque canot de sauvetage emporte des souvenirs et des souffrances, des témoignages et des rumeurs, qui nourriront par la suite la plume des journalistes.

Les survivants, quelle que soit leur condition sociale, doivent maintenant vivre avec la hantise de ce qu'ils ont perdu : un ou plusieurs proches, mais aussi l'avenir qu'ils espéraient construire avec eux en Amérique.

Sur le *Carpathia,* chaque embarcation dépose ses occupants atones, traumatisés, sidérés, le crâne empli à jamais des cris et des appels au secours de ceux qui se débattaient de plus en plus faiblement dans les eaux glacées.

L'émotion du naufrage demeure intacte sur le *Carpathia*, qui s'imprègne un peu plus de la souffrance et des espoirs des survivants à chacun de leurs pas sur le pont. Les rescapés, ceux surtout qui ont perdu des membres de leur famille, ne réalisent pas encore l'ampleur d'une tragédie qui dépasse leur entendement.

La plupart gardent aussi l'espoir tenace de retrouver leurs proches sur le *Carpathia*. La veille encore, nombre d'entre eux naviguaient dans une forme de béatitude sur le plus beau des paquebots, et maintenant, une éternité plus tard, après l'arrivée du dernier canot et la confirmation de leurs craintes, ils errent en eux-mêmes, désemparés, souvent dans l'incapacité de parler.

Bisset n'est pas surpris par le silence de mort qui règne pendant la récupération des canots. Si l'on excepte un ordre nécessaire, lancé de temps à autre dans le cadre du service de bord, chacun évite de parler pour ne pas briser ce qui est bien un deuil général.

Passagère de première classe sur le *Carpathia*, Mabel Fenwick s'est réveillée lorsqu'elle a entendu un homme crier « Le *Titanic* a coulé ! », et s'est alors précipitée sur le pont avec son appareil photo pour saisir la récupération des canots de sauvetage. Cet instant est également immortalisé par Lewis Skidmore et Bernice Palmer, qui observe avec empathie les rescapés et a le réflexe de les prendre en photos avec l'appareil Kodak qui lui a été offert avant qu'elle n'embarque avec sa mère pour ce voyage vers la Méditerranée. Elle se souviendra surtout de la manière dont étaient vêtus les survivants du *Titanic* : certains s'étaient préparés à affronter le froid ; d'autres, assurément surpris, ne portaient qu'une robe du soir, une chemise de nuit, voire un pyjama.

Elle écoute les conversations, et en surprend une entre deux rescapés de la première classe, qui s'excusent d'avoir survécu. L'un d'eux explique qu'il n'est monté dans un canot que pour rejoindre sa femme, qui ne voulait pas qu'ils soient séparés, tandis que l'autre déclare avoir reçu l'ordre d'embarquer pour aider à la manœuvre. Ils sont en réalité tous deux victimes du syndrome de culpabilité du survivant.

Les clichés de Bernice rendent bien l'émotion de l'instant, surtout quand ils immortalisent, parmi les rescapés, le couple de jeunes mariés que forment George et Dorothy Harder, conversant avec une autre survivante que les journaux auront du mal à identifier, hésitant entre Mme Hays et Mme Beckwith. Sans se douter du trésor qu'elle détient, Mlle Palmer vendra ses films non développés pour une misérable poignée de dollars à l'agence photographique Underwood & Underwood, qui en tirera un profit considérable, négociant les clichés avec de nombreux journaux. Plus tard, ayant pris conscience d'avoir été escroquée, la jeune femme, épaulée par son père, poursuivra l'agence en justice et récupérera finalement le « trésor » moyennant la somme symbolique d'un dollar.

Aux photographes sur le *Carpathia* se joint Augusta Ogden : Rostron, quoique très occupé à superviser l'ensemble de l'opération, se souvient qu'elle possède un appareil photo et dans sa clairvoyance l'incite à l'utiliser. Il sait que des photos rendront mieux compte du sauvetage en cours que des paroles.

Un à un, les canots continuent de se présenter, dont le canot pliable C, à 5 h 45. Il est chargé avec des femmes, des enfants et six membres d'équipage : le quartier-maître George Thomas, responsable du canot, ainsi qu'un steward, trois mécaniciens et un cuisinier. Deux passagers de première classe ont embarqué au dernier moment, juste avant la mise à l'eau du canot : William Carter et Joseph Bruce Ismay, président de la White Star Line. Ce dernier sera par la suite accusé de lâcheté pour s'être sauvé tandis que le joyau de sa compagnie coulait avec ses passagers – en dépit des témoignages favorables à son égard, dont celui du quartier-maître John Bright, qui affirmera que pas une seule fois Bruce Ismay n'a tenté de prendre place sur un canot. Il se contentait d'attendre et souhaitait surtout faire embarquer les femmes, s'il s'en présentait. Il précisera même qu'Ismay a été *poussé* dans ledit canot C. Thomas Cardeza rapportera, lui, que les femmes présentes ont insisté pour qu'Ismay y saute, car personne d'autre ne se trouvait sur le pont à ce moment-là.

Ce faisant, il abandonne toutefois à leur sort son valet, John Richard Fry, et son secrétaire, William Henry Harrison, qui meurent dans le naufrage.

Bruce Ismay aborde à son tour l'échelle de corde et l'escalade péniblement le long de la coque du *Carpathia*. C'est un homme abasourdi, désorienté et sans doute brisé qui prend pied sur le pont du navire de la Cunard. Il ne cesse de répéter son nom. « Tout d'abord, racontera-t-il[1], je suis resté debout, le dos contre une cloison, et quelqu'un est alors venu me demander si je voulais me rendre dans le salon pour y boire une soupe, ou quelque chose d'autre. J'ai refusé, précisant que je ne voulais vraiment rien. » L'homme insiste, mais Bruce Ismay continue de refuser, demande d'être laissé tranquille. Puis il ajoute : « Pourriez-vous me trouver un espace calme ? » Sans un mot, l'homme le conduit alors à une cabine, dont Ismay ignore à qui elle est destinée : « L'homme qui m'a ainsi pris en main n'était autre que le médecin du bord, et cette cabine était la sienne. Je ne l'ai quittée qu'une fois arrivé à New York. Pendant le reste du voyage, je n'ai rien avalé de solide, seulement de la soupe. Je n'avais pas envie de grand-chose. [...] Ce médecin est un brave homme, à l'image de son navire et du capitaine, se souviendra Ismay avec reconnaissance. Il dispose de peu, mais il l'offre avec générosité. » Son témoignage ne suffira pas à contrer les critiques qu'il essuiera, qui lui reprochent sa soi-disant attitude scandaleuse à bord du *Carpathia*, où, à peine sauvé, il

1. Témoignage de Bruce Ismay devant la Commission d'enquête sénatoriale américaine, le mardi 30 avril 1912.

aurait clamé : « Je suis Ismay, je suis Ismay, donnez-moi une suite ! »

Le patron de la White Star Line fait peine à voir. S'il s'efforce de dissimuler son désespoir, celui-ci n'en est que plus évident aux yeux de Rostron et du docteur McGee. Conscient de la détresse de cet homme et de son état d'hébétude bien compréhensible, le médecin lui administre de l'opium. Sans doute la drogue le revigore-t-elle suffisamment car il rédige, tout de même avec l'aide discrète du capitaine du *Carpathia*, le message qu'il expédie aux bureaux de la White Star Line à New York – message qu'il signe « Yamsi », anagramme de son nom, pour des raisons de confidentialité –, dans lequel il annonce le naufrage et surtout les pertes humaines.

11. Hantise et miracle

« La mort est peut-être la seule réalité
qui a une signification
quand on sort du cauchemar de la vie. »

Fernand Ouellette,
Lucie ou un midi en novembre

Si les histoires personnelles varient d'une embarcation à l'autre, leurs occupants partagent des sensations similaires, à commencer par une désorientation totale et des peurs, amplifiées par l'obscurité.

Quand l'aube s'installe, se présente un nouveau problème : la dispersion des canots de sauvetage du *Titanic*. Des embarcations ont été mises à la mer avec l'ordre de demeurer à proximité du navire, peut-être dans la perspective d'accueillir de nouveaux passagers ; d'autres, avec l'ordre de ramer vers ce qui semblait être les lumières d'un navire, situé au nord. Certains canots ont été descendus sans consigne particulière, livrés à l'homme d'équipage qui en avait la charge, ou tout simplement de leurs passagers.

C'est pourquoi les embarcations sont éparpillées à des milles d'écart.

Transi, les mains resserrées autour du bol de soupe chaude que l'on vient de lui servir dans le salon du *Carpathia*, le jeune Irlandais Daniel Buckley est conscient de revenir de très loin et mesure la chance qu'il a eue d'échapper à la noyade et à l'hypothermie. C'est ce qu'il écrit à sa mère le 18 avril 1912, sur le *Carpathia* : « Nous étions dans notre canot depuis un quart d'heure quand le *Titanic* a coulé. C'était une vision terrible. Les hurlements que nous entendions [...] avaient de quoi faire pleurer les pierres. Puis il y a eu, dans la phase finale, un bruit terrible comme un coup de tonnerre. Je m'en suis sorti sans une égratignure, mais de nombreux rescapés, hommes et femmes, étaient blessés ou malades quand ils ont été sauvés par le *Carpathia*. Certains sont même morts dans les canots ou après être montés à bord du navire qui nous a sauvés. »

Lors de son embarquement à Queenstown, ce jeune immigrant quittait son Irlande natale, avec l'intention de réussir aux États-Unis. Il ne lui avait pas déplu de faire le voyage à bord du *Titanic*, certes en troisième classe, un pont juste au-dessus des soutes, mais qu'importe : ne s'agissait-il pas du plus beau navire au monde ? Daniel y voyait déjà le symbole d'un formidable succès sur lequel il aspire à calquer le sien. Malgré le naufrage du paquebot, la détermination de Daniel Buckley reste intacte. Pour un peu, lorsqu'il foulera enfin la terre ferme, il embrasserait le quai. Sa survie lui prouve qu'il possède une grande chance. Une fois en sécurité sur le *Carpathia*, les récentes images se télescopent dans sa tête : « Je suis remonté sur le pont, en quête d'un gilet, et j'ai rencontré un passager de première classe qui avait passé le sien et qui en tenait un deuxième, qu'il m'a aussitôt donné, m'aidant à l'ajuster[1]. » Puis le jeune Irlandais a participé à la mise à l'eau de cinq canots ; il se tenait près d'un sixième, le n° 13, lorsque plusieurs hommes se sont précipités dedans. Il s'est alors mêlé à ce groupe constitué de passagers, de marins et de chauffeurs. Deux officiers qui guidaient des passagers de troisième classe, notamment des femmes, vers le canot sont intervenus et ont ordonné aux hommes de quitter l'embarcation ; seulement six hommes pouvaient rester à bord pour assurer la manœuvre une fois à la mer. Plutôt que de s'exécuter, certains ont commencé à se battre dans le canot, mais l'un des officiers a fait usage de son arme et a tiré au-dessus de leurs têtes, ce qui a suffi à faire déguerpir une partie des intrus, mais pas tous, car une demi-douzaine de chauffeurs et de marins ont refusé. Buckley est resté lui aussi, mais il n'en menait pas large jusqu'à ce qu'une des femmes jette un châle sur lui, pour le dissimuler au regard des officiers, lui demandant de ne pas bouger.

Daniel Buckley aura une existence très courte. En 1917, lorsque les États-Unis entreront en guerre, il se portera

1. Audition de Daniel Buckley, le 3 mai 1912, devant la Commission d'enquête américaine.

volontaire et entrera dans l'armée. D'abord incorporé dans le 69e régiment d'infanterie de New York, il participera à plusieurs campagnes sanglantes, dont une au cours de laquelle, le 7 mars 1918, son régiment sera décimé par l'artillerie allemande. Il réchappera miraculeusement. Il sera tué, le 15 octobre 1918, à l'âge de 28 ans, sur le front de l'Argonne, alors qu'il aide à évacuer des blessés. Il repose au cimetière de Ballydesmond (anciennement Kingswilliamtown), dans le comté de Cork, en Irlande.

Parmi les rescapés du canot n° 13, on remarque une jeune fille préoccupée. Ruth Becker, âgée de 12 ans, a en effet été séparée du reste de sa famille, montée dans le canot n° 11, dans la confusion qui régnait alors.

Une frayeur terrible s'ajoute à son angoisse quand son canot risque d'être submergé par la même pompe de vidange qui avait menacé le canot n° 11. Ce danger à peine écarté, un autre survient sous la forme du canot n° 15, qui leur arrive droit sur la tête, provoquant la panique alors que les officiers chargés de la descente du canot n° 15 ne se rendent compte de rien.

« Nous avons hurlé et heureusement été entendus, racontera Frederick D. Ray, steward de première classe de 33 ans, car le canot n° 15 s'est immobilisé à temps, pratiquement sur les têtes des occupants du canot n° 13. »

Selon Ray, en dehors de cet épisode, les passagers gardaient leur calme, sans doute parce que le navire paraissait sûr ; pour l'instant, il flottait encore sur sa réputation d'insubmersibilité. Les occupants du canot étaient persuadés de regagner bientôt leurs cabines après cet intermède inattendu.

En tout cas, les deux canots se sont éloignés avec difficulté du *Titanic*, du fait de leur important chargement. Ray se souviendra qu'ils ont ramé toute la nuit, en faisant de petites pauses.

Une atmosphère identique ou presque règne à bord du canot n° 15 quand il est récupéré à 7 h 30, une heure après le n° 13, dont chacun des occupants, dans un état second, alourdi par le poids de son histoire et de ses émotions intenses, monte en silence sur le *Carpathia*.

12. Mourir en gentlemen

« L'homme n'est heureux
que de vouloir et d'inventer. »

Alain,
Propos sur le bonheur

Un Rostron impassible mais vigilant supervise l'étrange ballet des canots qui avancent péniblement vers le *Carpathia.* Surpris par le silence qui accompagne l'évacuation parfois laborieuse des embarcations, il apprécie secrètement l'attitude de son équipage, « impeccable » selon ses dires[1].

Il est vrai que ses hommes ont vite compris que chaque canot transportait la cruelle réalité d'un naufrage qui n'aurait jamais dû avoir lieu. Ainsi, le n° 9, affalé à 1 h 30, a atteint le *Carpathia* vers 6 h 15 avec son lot d'espoir mélangé à des désillusions.

1. Arthur Rostron, *op. cit.*

Selon son responsable, l'aide-maître d'équipage Albert Haines, il y a surtout le traumatisme causé par les cris épouvantables poussés par les gens jetés à la mer. Après l'engloutissement du navire, Haines décide en concertation avec trois marins présents de ne pas revenir en arrière, sur le lieu du naufrage, jugeant la manœuvre trop dangereuse au vu de l'importante charge de l'embarcation qui emporte une cinquantaine d'occupants[1]. Non sans frémir, le marin n'ignore pas qu'il mettrait les passagers de son embarcation en danger d'être submergés par les centaines de survivants qui se débattent dans les eaux glacées. C'est égoïste, voire inhumain, mais c'est le prix de la vie à ce moment-là.

Ce poids sur les consciences sera lourd à porter pour nombre de rescapés, même en tenant compte du fait que leur propre survie est en jeu, circonstance atténuante s'il en est.

Quand elle arrive sur le *Carpathia*, que doit penser l'épouse de John Jacob Astor ? Ce dernier, homme original doté d'une immense fortune, est l'auteur d'un roman de science-fiction qui ouvre une fenêtre singulière sur le monde de 2088 mais aussi le fondateur, avec son cousin William Waldorf Astor Sr., du complexe hôtelier Waldorf-Astoria[2], à New York – où ira siéger la Commission

1. Audition d'Albert Haines devant la Commission d'enquête américaine, le jeudi 25 avril 1912.

2. Amorcées le 19 avril 1912 à l'hôtel Waldorf-Astoria, au lendemain du retour à New York du *Carpathia*, les auditions de la

sénatoriale américaine formée pour enquêter sur le naufrage du *Titanic*. C'est pour échapper à des ragots sur leur mariage que John Jacob et son épouse entament un voyage en Europe. Madeleine tombe enceinte et souhaite accoucher aux États-Unis ; le couple embarque donc à bord du *Titanic* le 10 avril 1912. Tout au long des opérations qui suivent la collision, Astor ne montre pas une seule fois le moindre signe de panique et, vers 1 h 45, il aide sa femme à prendre place dans le canot n° 4, demandant à Lightoller l'autorisation d'y monter pour assurer le confort de son épouse. Il ne précise pas que Madeleine est enceinte et n'obtient donc pas le droit de l'accompagner à bord du canot. John Jacob Astor et son valet, Victor Robbins, trouvent la mort dans le naufrage. Le 22 avril 1912, le *Mackay-Bennett* repêchera le corps de l'homme d'affaires en bon état de conservation, identifiable grâce aux initiales sur sa veste.

Dans le canot, des femmes silencieuses et transies regardent le navire de la Cunard, qui les délivre mais qui signifie aussi pour elles la fin d'un beau rêve. Pour Léontine Aubart, ce

Commission d'enquête sénatoriale se poursuivront la semaine suivante, à Washington, où elles inauguraient le tout nouveau Russell Senate Office Building, avant d'être reprises à New York. Outre le président Smith, la Commission rassemble le vice-président Newlands, les sénateurs George C. Perkins (républicain de Californie), Jonathan Bourne Jr. (républicain de l'Oregon), Theodore E. Burton (républicain de l'Ohio), F. M. Simmons (démocrate de la Caroline du Nord) et Duncan Fletcher (démocrate de Floride).

rêve s'appelle Benjamin Guggenheim, cinquième des huit fils du richissime magnat de l'industrie Meyer Guggenheim (1828-1905), représentant l'élite de la fortune américaine. Benjamin emboîte très tôt le pas paternel et, bien sûr, contracte un mariage avec l'héritière d'un célèbre banquier new-yorkais à l'immense fortune : Floretta Seligman. Le milliardaire voyage beaucoup en Europe, notamment à Paris, où il possède une garçonnière. Il y passe d'ailleurs plusieurs semaines au début de l'année 1912, avec l'intention de regagner les États-Unis en avril pour embarquer sur le *Titanic* lors de son escale à Cherbourg. Il côtoie une danseuse qui se produit dans le célèbre cabaret de Montmartre Le Lapin agile. Léontine Aubart, dite Ninette, âgée de 24 ans, tombe rapidement dans les bras du magnat et accepte de le suivre aux États-Unis. Lors de la collision, après que le milliardaire râle quand le steward Henry Samuel Etches lui impose d'enfiler une brassière de sauvetage et lui recommande de porter des vêtements chauds, Benjamin Guggenheim veille à ce que Léontine et sa femme de chambre prennent place dans le canot n° 9, qui est affalé vers 1 h 30. Juste avant la mise à l'eau de l'embarcation, Guggenheim charge Etches de transmettre un message à son épouse : « S'il devait m'arriver quoi que ce soit, dites à ma femme, à New York, que j'ai fait de mon mieux pour remplir mon devoir[1]. » Lorsque les trois hommes prennent

1. Ces dernières paroles de Benjamin Guggenheim, transmises à sa demande à son épouse, alors au St. Regis Hotel, par le steward

conscience du naufrage à venir, Guggenheim et son valet rejoignent leur cabine et passent leur plus belle tenue de soirée. Tous deux s'installent ensuite sur le pont, un verre de cognac à la main, un cigare dans l'autre. Ils sont sereins. Des témoins entendent même Benjamin déclarer : « Nous nous sommes habillés de notre mieux et nous sommes prêts à mourir comme des gentlemen[1]. »

Le 18 avril 1912, Léontine Aubart réussira à envoyer un marconigramme vers Paris : « Moi sauvée, mais Ben perdu. » Elle tentera vainement d'en expédier sept autres, mais Bride et Cottam, débordés, ne pourront pas s'en occuper. Du fait de la mort de Guggenheim, le voyage aux États-Unis perd tout son sens, et c'est fort démunie, sans argent, sans protection, que Léontine débarquera. Le secours viendra de Floretta Seligman, l'épouse de Guggenheim, qui offrira à Léontine son billet de retour en France, et par la même occasion se débarrassera de la jeune fille, dont la présence aurait pu porter atteinte à la mémoire de son mari. La danseuse regagnera donc Paris et son cher Montmartre, où elle s'éteindra en octobre 1964, âgée de 77 ans. Un véritable retour aux sources, puisqu'elle reposera au cimetière Saint-Vincent de Montmartre, à quelques mètres du Lapin agile…

Henry Samuel Etches, ont été rapportées par le *Chicago Record Herald* dans son édition du dimanche 21 avril 1912.

1. Propos de Henry Samuel Etches rapportés par le *New York Times* le samedi 20 avril 1912.

13. Les orphelins de l'Abîme

« Très souvent, les orphelins sont
des inventeurs de mondes. »

Boris Cyrulnik,
De la parole comme d'une molécule

L'équipage du *Carpathia* s'émeut de la solitude de deux petits garçons que personne ne recherche. Âgés de trois ans et demi et de deux ans, ils ont été hissés séparément, et avec d'infinies précautions, du radeau D à bord du *Carpathia*, peu après 7 h 15. Une fois le dernier canot récupéré, il ne fait aucun doute que leurs parents n'ont pas survécu. On ignore le nom des orphelins. On sait seulement qu'un homme, sans doute leur père, les a déposés avec tendresse dans une embarcation.

Sur le *Carpathia*, ils sont semble-t-il confiés à deux femmes : l'un à Margaret Hays, une passagère de première classe, qui parle couramment français et accepte de bonne grâce ; l'autre, soit à une femme voyageant en deuxième classe qui pourrait être Edwina Troutt, soit à Madeleine Astor, qui, ne s'exprimant pas en français, ferait appel à Antonine Mallet et à Juliette Laroche.

À New York, ils iront tous deux chez Margaret Hays, toujours bien disposée à leur égard, puis seront recueillis par Mme Tyler, qui a elle-même perdu de la famille dans le naufrage.

Pendant ce temps, on cherchera à les identifier : deux survivants du *Titanic*, Lawrence Beesley et Julian Pedro, se rappelleront que ce sont les enfants d'un certain « Hoffmann ». Un Français qui, après avoir déposé les deux garçons dans le canot pliable avec l'aide d'un autre passager, leur a délivré un ultime message : « Mes enfants, quand votre mère vous retrouvera, dites-lui que je l'aime toujours tendrement. Dites-lui que je compte sur elle pour vous suivre, afin que nous puissions vivre heureux tous ensemble dans la paix et la liberté du Nouveau Monde. » Rapidement, la presse fera savoir que la mère des petits Français les attend à New York, et ainsi provoquera l'heureux dénouement : c'est un article du *Figaro* intitulé « Les orphelins de l'Abîme » qui permettra à Marcelle Navratil d'apprendre le destin de ses fils.

Monsieur « Hoffmann », le père des deux garçons, s'appelait en réalité Michel Navratil et venait de Nice ; il s'était servi du passeport d'une connaissance pour embarquer sur le *Titanic* et avait profité de son instance de divorce pour enlever ses enfants avec l'intention de leur faire profiter du miracle américain[1].

Malgré une organisation parfaite et les précautions qui s'imposent en la circonstance, les opérations de transfert à bord du navire de la Cunard prennent du temps car, au lever du jour, la mer a commencé à s'agiter.

L'équipage du *Titanic* n'est certainement pas moins réconfortant que celui du *Carpathia*, mais dans une situation où l'urgence commençait à se manifester, l'atmosphère était bien différente. Malheureusement, le comportement des officiers désormais directement responsables de la survie des passagers sera diversement interprété après les faits.

Contre toute attente, en dépit d'un comportement exemplaire et courageux, le cinquième officier du *Titanic*, Harold Godfrey Lowe, un homme au caractère bien trempé, âgé de 28 ans, devra répondre d'une grave accusation lors de son audition par la Commission d'enquête américaine : celle d'avoir bu. Comment, s'étonneront les enquêteurs américains, expliquer autrement son attitude à diverses reprises, par exemple quand il rabroue sèchement Bruce Ismay au moment du chargement du canot n° 5 ou

1. Lorsque le corps de Michel Navratil Sr. a été repêché, un revolver chargé a été retrouvé dans l'une de ses poches. Il a été inhumé le 15 mai 1912 au cimetière juif du baron de Hirsch à Halifax, en Nouvelle-Écosse.

quand il utilise son arme pour empêcher des hommes de sauter dans les embarcations ? Aussi une question brûlera-t-elle les lèvres du sénateur Smith quand il s'adressera à Lowe : « Êtes-vous un homme sobre ? » L'officier répondra, non sans véhémence : « Je le suis, monsieur. Non seulement sobre, mais je n'ai jamais touché un verre d'alcool de ma vie. Je suis abstinent. »

Désignant un verre d'eau, Lowe déclarera qu'il s'agit de la boisson la plus forte qu'il ait jamais bue. Pour le cinquième officier du *Titanic*, l'essentiel ne se situe pas là. Il se racontera, comme il le fait à Rostron peu après avoir été récupéré, à 7 h 15. Vite sur le pont, après la collision, il prend la mesure du désastre en cours : « Je pouvais sentir, sous mes pieds, que quelque chose clochait. Il ne s'agissait pas de la houle mais d'une sorte de basculement. L'étrave était inclinée de 12 à 15 degrés.

« Mon premier réflexe a été de récupérer mon revolver. On ne sait jamais ce qui peut survenir dans ces circonstances. Puis j'ai aidé à la mise à l'eau du canot n° 5, sous les ordres de M. Murdoch, l'officier senior en charge de l'évacuation sur cette partie du navire. »

Arrivé sur le pont des embarcations, il s'active sans tarder à aider les passagers à embarquer dans les canots, mais, alors qu'il entreprend d'affaler le canot n° 5, Bruce Ismay lui hurle d'accélérer le mouvement. Président de la White Star Line ou non, Ismay n'a pas à donner d'ordre à Lowe, qui le sait et lui répond sèchement : « Si vous vouliez bien foutre le camp d'ici, j'arriverais peut-être à faire quelque chose ! Vous voulez que je les descende plus vite ? Vous allez me les faire tous noyer ! »

Douché, sans doute honteux d'avoir rudoyé l'officier, le patron s'éloigne sans un mot vers un autre canot dont il aide au chargement.

Lowe expliquera qu'il a dû forcer la voix et l'expression parce que M. Ismay était dans un état d'anxiété extrême, même s'il reconnaîtra à Bruce Ismay son souci de mettre tous ces gens à l'abri et de les éloigner le plus rapidement possible du navire en perdition.

L'officier affronte vite d'autres préoccupations après avoir quitté le navire à son tour, vers 1 h 30, à bord du canot n° 14, dont il prend le commandement. Parmi les passagers figurent Esther Hart et sa fille Eva, née le 31 janvier 1905 à Londres. Benjamin, le père, est resté sur le pont. Esther et Eva ne le reverront jamais.

Lowe fait alors montre d'initiatives bienvenues. Ainsi, à environ 50 mètres du *Titanic*, il répartit 33 passagers sur quatre autres canots, le n° 4, le n° 10, le n° 12, et le canot pliable D. À l'aide de cordes, il les relie les uns aux autres. Délesté de la sorte, il entend aller récupérer des naufragés, mais il attend prudemment à l'écart que les appels et les cris diminuent, avant de se risquer sur le lieu du naufrage, parmi les débris et les cadavres, avec une dizaine de volontaires.

Cette attente peut sembler cruelle mais Lowe se justifiera en expliquant qu'il redoutait que son embarcation soit submergée. « C'eût été un suicide », plaidera-t-il devant les sénateurs, car il ne pouvait pas prendre le risque de s'approcher au milieu d'une masse grouillante d'hommes et de femmes en train de mourir, en quête de la moindre main secourable, susceptibles de faire chavirer le canot et de jeter à la mer ses occupants. Il préfère patienter pendant un délai épouvantable que la nature fasse son œuvre et venir au secours de quelques survivants. Il n'est pas le seul à avoir été contraint à un tel renoncement…

En tout cas, il est le seul à revenir sur le lieu du désastre, non sans s'entourer de précautions.

Ainsi, quand il remarque un Asiatique sur une épave, il ne le récupère pas immédiatement. « Il y avait tant de corps entre le naufragé et nous qu'il nous a fallu une bonne demi-heure pour le délivrer, expliquera le matelot qualifié Joseph Scarrott. Nous ne pouvions pas ramer ; nous devions sans cesse repousser les corps. »

Outre ce naufragé, qui est d'ailleurs chinois, Lowe arrache encore un steward britannique aux eaux glacées.

Il repêche également deux autres survivants, mais l'un d'eux mourra peu après, un certain William Fisher Hoyt, de New York. Il n'est pas aisé de hisser cet homme à l'imposante stature dans le canot car à son poids déjà impressionnant s'ajoute celui de ses vêtements gorgés d'eau. « Ce sont ses gémissements qui nous ont guidés vers lui. Il saignait de la bouche et du nez, et semblait plutôt mal en point. Dans le canot, nous lui avons enlevé son col et nous avons ouvert sa chemise pour lui permettre de mieux respirer, mais rien n'y a fait. »

Dans la pénombre qui précède le lever du jour, vers 3 h 30 du matin, Lowe craint que les canots dépourvus d'éclairage ne soient pas détectés par le *Carpathia* dont il voit les feux. Comme son embarcation possède encore son mât et une voile, et est donc plus rapide que les autres, Lowe estime pouvoir se rapprocher plus vite du paquebot. Mais en route, il aperçoit le canot pliable D, qu'il prend en remorque, avant de remarquer que le canot pliable A est dans un bien plus piètre état que celui qu'il tire. L'embarcation inondée est en train de couler. Il arrive à temps pour embarquer vingt hommes et une femme, laissant trois cadavres masculins.

L'abandon de ces corps le tourmente quelque peu, mais il se dit qu'il a suffisamment à faire avec les vivants, ceux à sauver.

14. La souffrance d'une mère

« Le devoir est la nécessité volontaire »

Henri-Frédéric Amiel,
Journal intime

Lorsque Rhoda Mary « Rosa » Abbott et ses deux fils, Rossmore et Eugene, âgés respectivement de 16 et 14 ans, arrivent sur le pont du *Titanic* vers 2 heures, la dernière embarcation, le canot pliable C, est déjà remplie. Quand vient le tour de Rhoda de monter à bord, elle craint soudain que ses fils ne se voient refuser une place, puisque les canots n'acceptent que les femmes et les enfants – or, Rossmore et Eugene sont des adolescents. Rhoda décide alors de demeurer sur le navire, afin de rester le plus longtemps possible avec eux, jusqu'à ce qu'une vague les balaie et les jette tous les trois à la mer. En dépit de ses efforts pour les sauver, ses deux fils périssent.

Autour d'elle, des centaines d'hommes et de femmes se débattent encore dans l'eau glacée. Malgré la menace de l'hypothermie, elle parvient à nager jusqu'au canot pliable A, qui flotte non loin. Environ 17 autres personnes y trouvent refuge, mais il leur faut attendre des heures avant que l'officier Harold Lowe n'arrive à leur rescousse avec le canot n° 14. Il en recueille tous les occupants épuisés et transis ; Rhoda est la seule femme parmi eux.

Sérieusement handicapée par de profondes engelures aux jambes, Rhoda doit être hissée avec d'infinies précautions sur le *Carpathia*, avant de recevoir les premiers soins dans le fumoir. Dans l'incapacité totale de marcher, elle devra être hospitalisée pendant deux semaines à l'hôpital Saint-Vincent de Manhattan, à New York. Rhoda Abbott souffrira pour le restant de ses jours de séquelles pulmonaires, de crises d'asthme, d'engelures très douloureuses aux jambes et de cauchemars récurrents. La suite de sa vie s'inscrira dans la morosité, même si elle se mariera, l'année du naufrage, avec George C. Williams, un ami de longue date, avec lequel elle s'installera en Floride. De retour à Londres en 1928, elle veillera sur son mari jusqu'au décès de ce dernier en 1938. Elle mourra à Londres le 18 février 1946, emportée par une crise cardiaque. Elle restera la seule passagère à avoir coulé avec le *Titanic* et à avoir survécu.

Après ce sauvetage, Lowe se dirige vers le *Carpathia,* non sans prendre encore un canot en remorque : « Nous étions 28 à bord du canot n° 14, se souviendra le steward Frank Morris, quand nous avons été récupérés par le *Carpathia*, à 7 h 15, y compris le corps du gros homme décédé à bord. » Il ajoutera, ému et fier : « Notre officier a accompli une action remarquable. »

Un autre survivant reconnaissant ne tarit pas non plus d'éloges à propos de Lowe : Olaus Abelseth, immigrant norvégien et passager de troisième classe, sauvé in extremis. Olaus est alors en compagnie de son beau-frère et de son cousin, tous trois bien décidés à rester ensemble. Malheureusement, leur situation devient périlleuse quand la partie avant du navire coule et que surviennent des explosions ; les hommes entendent des craquements divers et le vacarme provoqué par tous les objets lourds ou fragiles qui glissent, tombent et se fracassent sur les parois, elles-mêmes soumises à des pressions terribles. Olaus demande à son cousin et à son beau-frère s'ils savent nager. Ils ne savent pas… Or, il va falloir se jeter à l'eau car ce qui reste du navire se redresse et rend toute position debout impossible. Les hommes s'accrochent où ils le peuvent, à des filins de bossoirs. Le cousin et le beau-frère préfèrent sauter plutôt que d'être aspirés par la succion qui suivra l'engloutissement mais Olaus les incite à la patience et attend qu'ils soient seulement à moins d'un mètre de l'eau pour s'y laisser tomber. À cette seconde ultime, son beau-frère lui tient la main… Autour d'eux, nombre d'hommes les imitent.

Le cauchemar s'intensifie alors. Après avoir bu la tasse, Olaus remonte à la surface, se trouve enchevêtré dans une corde, doit lâcher la main de son beau-frère pour se libérer de ce piège insidieux, coule, remonte à la surface, nage, avant d'être soudain assailli par un homme qui veut prendre appui sur lui pour surnager, mais il s'en défait pour être aussitôt abordé par un autre désespéré dont il parvient à se débarrasser.

Il nage pendant environ quinze à vingt minutes, aperçoit une masse sombre devant lui, redouble d'efforts pour la rejoindre et atteint ainsi un canot pliant. Il s'y hisse sans recevoir d'aide de la part de ceux qui s'y trouvent, mais sans être repoussé. On lui demande simplement de veiller à ne pas faire chavirer l'embarcation.

Là aussi, l'horreur règne : « Certains des occupants essayaient de se tenir debout, d'autres de s'asseoir ou de s'allonger. Certains d'entre eux sont tombés à l'eau. Plusieurs étaient gelés, et deux sont morts, qui ont été remis à la mer. J'étais obligé d'agiter mes bras pour me réchauffer. Il y avait une femme à bord, ainsi que deux Suédois, et un passager de première classe, un père de famille qui portait seulement des sous-vêtements…

« Au petit matin, nous avons remarqué des embarcations et l'une d'elles, poussée par une voile, s'est rapprochée de nous. De notre côté, nous ne cessions de compter jusqu'à trois avant de crier : "Au secours !" »

Ils sont finalement recueillis par le *Carpathia* à bord duquel, épuisé, transi de froid, dans un état second, Olaus se laisse conduire vers la salle à manger où il bénit le cognac et le café chaud qui lui sont offerts. Plus tard, quand il peut enfin accéder à une cabine, il réalise qu'il vient de dormir sur le pont dans les mêmes vêtements trempés et glacés qu'il avait portés toute cette maudite nuit dans le canot inondé. En tout cas, il est sauf !

Harold Lowe peut donc être satisfait. Certes, il ne manque pas de caractère mais, en la circonstance, il révèle un esprit d'une grande logique. Dans sa jeunesse déjà, il avait décrété qu'il refuserait de « travailler au service de quiconque sans contrepartie » et qu'il voulait « être payé pour [son] travail ». Cette logique ne l'abandonnera pas.

Né à Eglwys Rhos, au pays de Galles, le 21 novembre 1882, le troisième des huit enfants de George et Harriet Lowe, il s'oppose à la volonté paternelle de le placer en apprentissage chez un homme d'affaires de Liverpool. Non seulement il se rebelle mais il s'engouffre résolument dans une autre voie en s'engageant dans la marine. Il a 14 ans et des idées bien arrêtées quant à son avenir. Il amorce sa carrière comme garçon de cabine, puisqu'il faut bien commencer quelque part, mais cet adolescent bien décidé gravit rapidement les échelons de la rude hiérarchie.

En l'espace de cinq ans, il décroche ses certificats d'officier, une progression rapide qui, en 1911, le conduit à la White Star Line où il navigue d'abord en qualité de troisième lieutenant, avant de passer ensuite sur le *Titanic* et d'effectuer sur ce paquebot la traversée de l'Atlantique Nord, ce qui constitue une première pour lui.

Ce 10 avril 1912, le cinquième officier Lowe savoure certainement sa position sur l'un des navires les plus prestigieux. Il possède la fermeté, l'esprit d'initiative, la personnalité entière et les connaissances qui en feront assurément un bon commandant après cette étape de sa carrière. Il ne lui reste plus qu'à découvrir l'Atlantique Nord et à ajouter une nouvelle expérience à son savoir de marin.

En tout cas, il rassemble un ensemble de qualités qui pourraient se résumer à sa devise : « Agir et ne rien devoir ! »

Dans cette nuit d'épouvante, l'officier du *Titanic* a montré une bravoure et un sang-froid admirables. Non seulement il est revenu sauver des personnes à la mer mais il a su organiser la vie à bord de son canot, étant également le seul à en avoir dressé le mat et hissé la voile. En outre, il a pris en remorque le canot pliable D mal en point, avant de récupérer à son bord une vingtaine de passagers du canot pliable A inondé. Il y laissera trois cadavres, à la grâce de Dieu.

Son attitude exemplaire lui vaudra louanges et honneurs, mais pas vraiment la reconnaissance de ses pairs puisque, comme les officiers survivants du *Titanic*, il n'obtiendra jamais un commandement. Dans son cas, ce sera une injustice flagrante.

Enfin libéré des tracasseries liées à l'enquête, il rentrera en Angleterre en mai à bord de l'*Adriatic*, avec Ismay, Lightoller, Pitman et Boxhall, mais pour se présenter, cette fois, devant la Commission présidée par Lord Mersey dans un tout autre contexte qu'aux États-Unis.

L'accueil sera nettement plus chaleureux et, quand il arrivera à Barmouth, plus de 1 300 personnes l'ovationneront au cours d'une réception organisée en son honneur et au cours de laquelle on lui remettra une montre en or pour le récompenser de son comportement.

L'amour couronnera cette période de festivités puisque l'année suivante il épousera Ellen Marion Whitehouse, qui lui donnera deux enfants. Si sa carrière civile stagnera, en revanche la Première Guerre mondiale lui offrira une promotion puisqu'il atteindra le rang de capitaine de réserve au sein de la Royal Navy.

Il finira par se retirer avec sa famille au pays de Galles, où il s'éteindra le 12 mai 1941.

15. Le canot de l'espoir ultime

« L'espoir est une bouée bien fragile. »

Alice Brunel-Roche,
La Haine entre les dents

L'évacuation du *Titanic* restera un souvenir ancré dans la mémoire de Charles Lightoller : les hommes, des maris, des pères, des frères, se tenaient à l'écart, calmes « comme dans une église ». Il se rappellera le naufrage : « J'ai eu l'impression que le navire se tenait à la verticale sur sa proue, tandis que nous parvenaient des bruits de ruptures métalliques, d'ailleurs entendus par le chef boulanger Charles Joughin quand il grimpait vers la poupe[1]. »

Né le 30 mars 1874 à Chorley, Lancashire, en Angleterre, Charles Herbert Lightoller pourrait servir de modèle à l'un de ces héros froids et stoïques face au danger.

1. Témoignage de Charles Lightoller devant la Commission d'enquête britannique, le 21 mai 1912.

Lorsqu'il choisit la mer, Charlie reçoit un baptême plutôt humide et mouvementé puisqu'il essuie plusieurs tempêtes et subit un naufrage pendant la période de formation. Après plusieurs aventures maritimes, il passe son brevet de capitaine et, en 1900, se fait embaucher par la White Star Line.

Hélas, la compagnie chamboule l'organigramme du navire le 9 avril 1912, la veille du départ pour la traversée inaugurale, et décide que les trois officiers seniors auxquels incombera la lourde responsabilité d'assister Smith devront tous posséder l'expérience de l'*Olympic*, le *sister-ship* du *Titanic*. L'arrivée imposée à la dernière minute par la White Star Line de Henry Tingle Wilde au poste de commandant en second fait glisser William Murdoch, qui aurait dû occuper la position, au statut de premier officier, et bouscule ainsi Lightoller au poste de deuxième officier à la place de David Blair. Celui-ci quitte simplement le navire ; sans s'en douter, il doit probablement à ce jeu de chaises musicales de réchapper au pire. Par conséquent, après son débarquement, l'ordre suivant dans la hiérarchie demeure inchangé : Herbert Pitman reste troisième officier ; Joseph Boxhall, quatrième officier ; Harold Lowe, cinquième officier ; et James Moody, sixième officier du *Titanic*.

Lightoller prend rapidement la mesure du navire, puisqu'il participe aux brefs essais en mer ainsi qu'à son transfert entre Belfast et Southampton. Le 10 avril, jour du départ pour la traversée inaugurale, c'est d'ailleurs

Wilde et lui qui supervisent les différentes manœuvres délicates.

Le 14 avril 1912, vers 21 h 20, alors qu'il achève son quart, le commandant Smith – qui s'apprête à regagner sa cabine pour la nuit – lui demande de le prévenir en cas de problème. Dix minutes plus tard, le deuxième officier ordonne à Moody d'avertir par téléphone les veilleurs du nid-de-pie de la présence éventuelle de petits champs de glace. La vigilance est donc de rigueur. Quelques minutes encore et, à 22 heures, Murdoch vient prendre le relais de Lightoller, qui lui transmet les consignes avant d'effectuer sa ronde et de regagner sa cabine dans le quartier des officiers.

La collision le prend par surprise alors qu'il s'endormait. Des vibrations inhabituelles parcourent le navire pendant quelques longues secondes. Lightoller se lève quand, dix minutes seulement après la collision, le quatrième officier Joseph Boxhall entre dans sa cabine et lui annonce la nouvelle, en précisant que l'eau a déjà envahi la cale du courrier, au pont F.

Vers minuit, le commandant Smith réunit ses officiers. À Lightoller incombe alors la lourde responsabilité de diriger l'évacuation des canots du côté bâbord du navire, ce qui concerne les canots n° 2, 4, 6, 8, 10, 12, 14, 16 et les radeaux pliables B et D. En dépit des appels de l'équipage à se rendre sur le pont des embarcations, la plupart des passagers jugent préférable de demeurer à l'intérieur du navire : il est vrai que le froid les rebute autant que le vacarme provoqué par l'échappement de la vapeur, à la suite de la purge urgente des chaudières. Par conséquent, très peu de monde se presse auprès des canots.

À mesure que le navire s'incline par l'avant et que son naufrage devient évident, les officiers jugent nécessaire de s'assurer que l'évacuation se fasse en toute sécurité. Les mouvements de panique ne sont plus à exclure. Le commandant en second Henry Wilde rejoint Lightoller à bâbord et lui demande où sont rangées les armes à feu – sur le *Titanic*, chaque officier dispose d'une arme de service, qu'il ne porte pas en temps normal. L'armement est enfermé à l'abri dans la cabine du premier officier, qui en assume la responsabilité. Contrairement à Lightoller, William Murdoch ignore encore cette disposition propre au navire, n'ayant été nommé premier officier que la veille du départ. Sans tarder, les commandants Smith, Murdoch, Wilde et Lightoller gagnent la cabine en question, où ce dernier se voit remettre son arme.

Alors que la panique s'immisce dans les regards et que l'atmosphère s'électrise, Lowe tire trois coups de feu d'avertissement, le long de la coque, pour dissuader des passagers affolés, présents sur le pont inférieur, de sauter à bord du canot n° 14 qui descend à la demande de Lightoller.

Il réussit à dégager le radeau B quand une vague le jette à la mer et une autre l'emporte vers le radeau malheureusement retourné. Il s'y hisse, comme une trentaine de rescapés, et s'y maintient tant bien que mal, puis lance des appels vers les autres canots.

Perdus sur l'océan, dans le froid glacial et l'obscurité, la majorité des naufragés finissent par se croire maudits et abandonnés. Durant toute la nuit, ils se tiennent debout pour la plupart, Lightoller maîtrisant l'équilibre précaire du canot en demandant aux hommes de se déplacer, tandis que Bride entretient le moral en promettant d'une voix qu'il veut ferme l'arrivée prochaine du *Carpathia* qu'ils ont aperçu vers 4 heures. Ils sont finalement secourus vers 6 heures par les canots n° 4 et 12, attirés par le sifflet de l'officier, et en réponse duquel Clench crie dans leur direction : « J'arrive[1] ! » Les rameurs font péniblement avancer le canot déjà chargé vers l'embarcation déséquilibrée. Lightoller et les hommes de l'embarcation instable, trempés et transis, poussent alors un grand soupir de soulagement.

« À ce moment précis, se souviendra Jack Thayer [juste après être monté dans le n° 12], le soleil a émergé de l'horizon. Puis est venue la sensation croissante de sa chaleur, une chose que je n'oublierai jamais tant j'avais désespéré l'éprouver encore un jour. Peu à peu, l'idée que j'étais sauvé a pénétré l'état d'engourdissement généralisé

1. Témoignage de Frederick Clench devant la Commission d'enquête américaine, le jeudi 25 avril 1912.

dans lequel je me trouvais, et j'ai compris que je vivrais encore. »

À bord des canots, personne ne parle. Soudain, à quelque distance, Bride aperçoit des feux de position : le *Carpathia* !

Les deux canots se dirigent ensuite vers le navire, avec un total de 130 personnes à leur bord.

Officier le plus gradé à survivre à la tragédie, Lightoller est aussi le dernier naufragé à être récupéré par le RMS *Carpathia*.

Au sénateur Smith qui lui demandera à quelle heure il a quitté le *Titanic*, Lightoller donnera cette réponse étrange[1] : « Je n'ai pas quitté le navire, c'est le navire qui m'a quitté. Je suis resté dessus jusqu'à sa disparition. » Lightoller sent alors son « corps transpercé par un millier de couteaux. La température était de moins deux degrés, expliquera-t-il, deux degrés au-dessous du gel. [...] J'ai été aspiré vers un aérateur qui communique avec la chaufferie, mais j'ai eu la chance d'être plaqué par l'eau contre une grille avant d'être recraché par un souffle puissant. [...] C'était une sensation indescriptible tandis que le *Titanic* sombrait rapidement. Une explosion m'a sauvé et a provoqué ce formidable souffle qui m'a expulsé hors du navire. Hélas, j'ai été encore entraîné avec violence vers une grille placée immédiatement devant une cheminée au-dessus de la chaufferie. »

1. Charles Lightoller, *Titanic and Other Ships*, Oxford City Press, Oxford, 2010.

Lightoller est le premier naufragé à se hisser sur un canot retourné qui se trouvait sur le toit du quartier des officiers et qu'une lame a projeté à la mer. Le froid s'insinue sournoisement dans son corps et le *Titanic,* décidément trop proche, pourrait aspirer tout ce qui flotte à proximité et l'entraîner au fond de l'océan avec lui. Des survivants ne tardent pas à le rejoindre et une trentaine d'occupants, transis, frigorifiés, et en état de choc, se tiennent bientôt en équilibre précaire sur une surface instable, menacés à chaque instant de tomber à la mer. Or, il leur est impossible de redresser les parois de l'embarcation.

Lorsqu'il se retrouve enfin sur le canot n° 12, Lightoller en prend le commandement et dénombre 75 personnes. L'embarcation est si lourdement chargée qu'un rien la ferait couler ; l'officier reste vigilant.

C'est vers 8 h 30 que Charles Lightoller amène la dernière embarcation, le canot n° 12, près du *Carpathia* – un véritable exploit, d'autant qu'il a dû manœuvrer avec prudence sur une mer de plus en plus agitée qui pouvait les submerger : « Par chance, dira-t-il, personne à bord n'a eu conscience du danger extrême que nous courions. »

Pour Rostron et son équipage, le spectacle est navrant : « Le transfert des passagers fut bientôt achevé. Ce transfert fut une vision pitoyable. Des cordes avaient été nouées autour de la taille des adultes pour les aider à grimper le long des échelles de corde. Les petits enfants et les bébés étaient hissés sur le pont dans des sacs. Quelques personnes étaient en tenue de soirée tandis que d'autres portaient leurs vêtements de nuit ou étaient enroulées dans des couvertures. Elles furent dirigées en hâte dans le salon pour prendre un petit déjeuner chaud dont elles avaient grand besoin car elles avaient passé d'une à cinq heures dans des canots à ciel ouvert, dans l'air le plus mordant que j'aie jamais rencontré.

« Il y avait des maris sans femme, des femmes sans mari, des parents sans enfants, mais on n'entendit aucune manifestation ni aucun sanglot. Les gens prononçaient à peine un mot et semblaient être assommés par le choc de leur aventure[1]. »

Une fois les rescapés sur le navire, l'espoir ne les déserte pas tout à fait. Peut-être le parent ou l'ami, le fils ou le père, est-il déjà quelque part sur ce bateau. C'est notamment le cas de 75 femmes qui veulent croire jusqu'au bout qu'elles retrouveront l'être aimé sur l'embarcation. Mais elles doivent affronter la dure réalité qui fait d'elles des veuves, et de leurs enfants des orphelins. Certaines apprennent ainsi la mort d'un fils, d'une fille.

À 8 h 49, Lightoller est l'ultime survivant de la tragédie à mettre les pieds sur le navire providentiel, soit quatre heures et demie après le début du sauvetage des rescapés. Une fois cette phase achevée, la plupart des canots du *Titanic* sont récupérés. Tandis que le navire

1. Arthur Rostron, *op. cit.*

s'éloigne lentement, une grue hisse six canots qu'elle dépose sur le gaillard d'avant, et sept autres sont remontés sous les bossoirs. Rostron décide d'abandonner cinq canots et les deux radeaux pliables. Enfin, comme il n'était plus nécessaire de mettre à la mer les embarcations du *Carpathia*, elles ont repris leur place sous leurs bossoirs.

Une fois sur le *Carpathia*, Lightoller ne perd pas de temps et établit la liste des membres de l'équipage du *Titanic*, avec l'aide de John Hardy, chef steward de la seconde classe à bord du *Titanic*.

Aux nouveaux-arrivés, on demande de décliner leur identité, puisqu'il faut bien dresser maintenant la liste des *survivants*, mot terrifiant.

Progressivement, les naufragés prennent aussi conscience que le *Carpathia* les soustrait à une autre menace : comme le soulignera avec effroi Emma Schabert, l'une des rescapées, qui a embarqué à bord du canot n° 11, le paysage ressemble au pôle Nord, aussi inhospitalier, « des kilomètres et des kilomètres de glace blanche aux reflets argentés dans le soleil[1] ».

Une banquise, à l'allure d'un immense champ figé, s'étend à environ trois milles au nord-ouest du *Carpathia*, tandis que 25 icebergs monstrueux, hauts d'environ

1. Lettre datée du 18 avril 1912, écrite à bord du *Carpathia* par Emma Schabert, passagère de première classe du *Titanic*, à l'intention de sa sœur.

45 à 60 mètres, et d'innombrables autres blocs de glace encerclent le navire.

Rostron demande à l'un de ses jeunes officiers de les compter. Devant ces masses imposantes, il frissonne rétroactivement. La passagère Caroline Bonnell se souviendra toute sa vie de cette phrase prononcée en sa présence par le capitaine, qui lui-même n'en revient pas : « Nous avons eu la chance de ne pas nous briser sur l'un de ces icebergs pendant notre course folle dans la nuit ; nous avons échappé à ces ennemis mortels. » Il déclarera d'ailleurs : « Je peux confesser que si j'avais su qu'il y avait une telle concentration de glace, je n'aurais pas foncé à pleine vapeur. Cependant, quand je me suis lancé avec mon navire et mon équipage, j'ai mesuré les risques et surtout l'enjeu. Lorsque j'ai abordé le champ de glace, il était trop tard pour reculer. Je pouvais heureusement voir l'obstacle.

« Certes, je savais que je faisais courir un risque à mon propre navire et à mes passagers, mais je me devais aussi de penser à la raison qui me poussait ainsi. Bien sûr, j'ai eu de la chance, mais, à ce moment, je savais ce que je faisais et je pense avoir agi au mieux[1]. »

Si sa chance le sert de bout en bout, il est tout de même aidé par ses compétences et celles de son équipage.

À environ quatre ou cinq milles du navire, le champ de glace s'étend à perte de vue, du nord-ouest au

1. Arthur Rostron, *op. cit.*

sud-est. Rostron précisera : « Pendant la demi-heure où nous avons circulé sur le site, sans rien remarquer d'autres que des petites épaves, ici le bonnet d'un bébé, là un gant masculin, seulement quelques chaises longues, des morceaux de liège et des brassières de sauvetage, et des effets divers tombés des canots au moment de la récupération des rescapés, tout a été calme. C'est seulement passé ce laps de temps qu'une brise a commencé à souffler et que nous avons vu un léger mouvement de la mer. »

Plus tard, pendant le retour vers New York, en présence du capitaine Rostron, Lightoller reviendra sur les conditions atmosphériques inhabituelles de la nuit du naufrage. « Y aurait-il eu seulement une légère houle, nous aurions pu voir à temps l'iceberg et l'éviter. Il y aurait eu du ressac à sa base, ce que nous aurions noté. Nous avions l'habitude de la nuit sans lune et sans souffle d'air, mais pas d'une nuit sans la houle. »

Ce calme a toutefois facilité la mise à l'eau des canots de sauvetage. « Ce soir-là, le temps était parfaitement clair, à cause du ciel étoilé, quand je suis arrivé sur le pont après la collision. Il n'y avait pas de brume à la surface de l'eau. La météo n'a pas évolué ensuite. Rien n'a bougé. De fait, nous n'avions pas connu de telles conditions météorologiques depuis au moins un siècle. Aussi tout s'est-il ligué contre nous, cette nuit-là. Nous n'étions pas préparés. Il n'y avait pas le moindre souffle d'air. »

16. Charles Joughin, le miraculé

> « Quand on se voit au bord de l'abîme
> et qu'il semble que Dieu vous ait abandonné,
> on n'hésite plus à attendre de lui un miracle. »
>
> Marcel Proust,
> *Le Temps retrouvé*

Le chef boulanger du *Titanic*, Charles Joughin, appartient à une catégorie particulièrement chanceuse, celle des véritables miraculés. La mer, il la connaît très bien : il a travaillé à bord de vaisseaux civils, notamment l'*Olympic*, et militaires ; il a d'ailleurs survécu au naufrage de l'*Oregon*, en 1886.

Au moment de l'impact, à 23 h 40, il se prélasse sur sa couchette.

Vers 0 h 15, il apprend que le navire est condamné. Immédiatement, il met ses treize assistants au travail et leur fait monter sur le pont des embarcations des sacs remplis de miches de pain, destinées aux canots alors en cours de préparation.

Joughin ne demeure pas inactif et aide à l'embarquement du canot n° 10, qui lui a d'ailleurs été attribué et dont, en principe, il aura la charge une fois mis à l'eau. Toutefois, lorsque l'embarcation est à moitié complète, il apparaît qu'il n'y a plus ni femmes ni enfants à proximité pour la remplir.

Joughin, en compagnie de plusieurs membres d'équipage, descend vers le pont inférieur pour convaincre des femmes et des enfants de le suivre sur le pont des embarcations et de grimper à bord du canot n° 10. La plupart s'y refuse, s'estimant plus en sécurité sur le gros navire.

Avec l'aide des marins, Joughin décide d'employer les grands moyens : « Nous avons dû les empoigner et les porter jusqu'aux embarcations, expliquera-t-il, où nous les avons jetés, car nous ne pouvions plus les y déposer normalement en raison de la gîte du navire, qui écartait sensiblement le canot du bord, d'environ un mètre et demi[1]. »

Bientôt le canot est jugé suffisamment rempli pour être affalé. Joughin, en sa qualité de responsable désigné, peut à son tour prendre place à bord, mais retenu par les scrupules il s'y refuse et préfère se taire – il arguera qu'il n'aurait alors pas donné le bon exemple, puisque des urgences nécessiteront des bras par la suite. L'officier qui supervise l'opération a fait monter deux marins et le

1. Témoignage de Charles Joughin devant la Commission d'enquête britannique, le vendredi 10 mai 1912.

steward William Burke pour manœuvrer le canot n° 10, et choisit le matelot qualifié Edward Buley comme responsable. À 1 h 50, l'embarcation est mise à l'eau. Joughin, tout comme les hommes rassemblés sur le pont, fait face et aide d'autres femmes à embarquer. Il finit par regagner sa cabine, qui commence à être inondée : « À un moment, à cause de la gîte, l'eau a atteint mon canapé », se souviendra-t-il, ce qui l'incite à revenir sur le pont.

Le plancher s'incline progressivement et déséquilibre Joughin. Il prend alors l'initiative de lancer par-dessus bord une cinquantaine de chaises longues et de fauteuils en rotin, qui pourront éventuellement servir de bouées pour les personnes jetées à la mer, à commencer par lui-même.

Joughin sent le *Titanic* sombrer un peu plus à chaque instant, les bruits se succèdent dans une cavalcade infernale à mesure que les cloisons et les panneaux se brisent sous l'effet de l'énorme poussée et que les piles d'assiettes s'effondrent. On peut croire le vaisseau hanté, en proie à des esprits frappeurs : tout ce qui n'est pas attaché vole, glisse, pour aller se réduire en miettes contre une paroi, elle-même sur le point de céder.

Le boulanger court de toutes ses forces, perdant parfois l'équilibre tant le plancher devient instable. Rapidement, il se rend compte que tous les canots ont été mis à la mer.

« Là, dira-t-il, j'ai entendu une sorte de fracas comme si quelque chose avait cédé, puis le bruit d'une foule qui se pressait sur le pont, au-dessus de ma tête. Lorsque je suis monté, j'ai constaté que les gens se précipitaient vers la poupe. Quant au fracas que j'ai entendu, il ne s'agissait pas d'une explosion mais comme le bruit d'une rupture d'acier[1]. »

Joughin, comme des centaines de passagers entassés, se retrouve prisonnier à l'extrémité de la poupe, qui se redresse. Il n'en mène pas large, agrippé au bastingage, à tribord, suspendu au-dessus de l'océan. C'est maintenant une question de secondes avant l'engloutissement final, mais Joughin se cramponne autant qu'il peut. Pour le boulanger, la scène se déroule comme au ralenti[2] : « Je me suis retrouvé dans l'eau, jamais sous l'eau. » De fait, il baigne dans l'eau glacée jusqu'aux épaules. Il ne pense à rien d'autre qu'à s'extraire de ce piège mortel. La température des flots avoisine – 1,8 °C, soit le point de congélation de l'eau de mer.

Son salut tient aux bains froids quotidiens qu'il s'impose, en plus d'une gymnastique rigoureuse pour conserver un corps ferme. Cette discipline lui permet au moins de supporter le choc thermique, fatal à la plupart des personnes qui l'entourent et flottent, sanglées dans leur brassière de sauvetage, déjà victimes du froid.

Ses muscles frissonnent, il sent l'engourdissement gagner ses bras et ses cuisses, sans éprouver la moindre souffrance. Le froid qui l'anesthésie va ralentir toutes ses fonctions

1. Témoignage de Charles Joughin devant la Commission d'enquête britannique, le vendredi 10 mai 1912.

2. *Ibid.*

vitales, avant de le tuer en douceur. À quoi bon lutter alors que la partie est perdue ? Pourtant, il ne renonce pas. Il se débat, s'accroche à une épave – en l'occurrence la porte d'un salon – et parvient, après quatre essais, à se hisser dessus, en rampant sur le dos.

Il lui faut impérativement se réchauffer ou l'hypothermie le condamnera. Il se remet à l'eau, s'active vigoureusement. La chance lui sourit aux premières lueurs du jour, lorsqu'il aperçoit « une sorte d'épave », vers laquelle il se dirige lentement. Il arrive ainsi près du canot pliable B, retourné.

S'y trouvent un officier, Lightoller, et plus de 20 hommes debout, peut-être 25, qui se tiennent par les épaules pour conserver leur équilibre. Cependant, le boulanger découvre qu'il n'y a plus assez d'espace pour l'accueillir. Il tente malgré tout de se hisser à bord, mais y est rejeté par les naufragés qui craignent que ses mouvements ne fassent chavirer l'ensemble. Un cuisinier, J. Isaac Maynard, le reconnaît et lui tend la main, à laquelle il s'agrippe, sans toutefois pouvoir monter sur le canot. En partie immergé, seulement soutenu par son gilet de sauvetage, Joughin résiste néanmoins aux morsures du froid et doit cette fois son salut à l'arrivée du canot n° 12. L'embarcation se trouve à environ cinquante mètres du canot retourné quand l'un de ses occupants annonce qu'il peut prendre dix personnes à son bord. Le boulanger demande à son collègue de lâcher sa main et jette ses derniers efforts dans une tentative pour rejoindre le canot où vont bientôt embarquer Maynard, Bride et Lightoller, qui prend le commandement de l'embarcation.

Au moment où le *Carpathia* le récupère, une épreuve ultime l'attend : il est si affaibli, notamment par ses engelures aux pieds, qu'il ne peut grimper à l'échelle de corde que sur ses genoux ! Deux marins vigoureux viennent à son secours et une femme lui adresse un bon sourire. Il se sent revivre, surtout grâce à la douleur qui le réinstalle brutalement dans l'existence. Au fil des heures, ses doigts se sont couverts de phlyctènes, d'énormes ampoules annonciatrices d'engelures ; ses mains et ses pieds sont devenus noirs et enflés. Il reste silencieux malgré les maux, mais son visage blême et crispé trahit sa douleur auprès du capitaine Rostron.

17. Le jour d'après

« Si je ne m'occupe pas de nos morts,
qui s'en occupera ? »

Marcel Arland,
La Consolation du voyageur

Le jour se lève enfin tout à fait et dévoile aux spectateurs le spectacle grandiose d'icebergs qui entourent le *Carpathia*, certains étant plus imposants que le navire.

Sur le transatlantique, l'équipage s'active et ne prend peut-être pas encore la mesure de ce qu'il vient d'accomplir, orchestré par le capitaine Rostron. L'opération de sauvetage n'a pas connu le moindre hoquet. Un véritable ballet aux rouages bien huilés et qui n'avait pourtant jamais été répété.

Des scènes réconfortantes de retrouvailles se produisent, renforçant les liens entre les passagers. Ainsi, à peine sur le pont, le survivant Henry Sleeper Harper, membre de la célèbre famille d'éditeurs, retrouve un de ses vieux amis, Louis Ogden, qui voyageait sur le *Carpathia*.

Certains naufragés montrent des signes de traumatismes, comme Helen Østby, pour qui résonnent encore les hurlements des victimes. Elle est effondrée, car sans nouvelles de son père, le joaillier Engelhart Cornelius Christensen Østby, resté sur le *Titanic* lorsqu'elle est montée dans un canot. Son corps sera repêché par le *MacKay-Bennett*. Le couple Chapin la prend en charge et lui laisse leur cabine, ainsi qu'à Mme Warren, désormais veuve.

À bord du *Carpathia*, le mot *solidarité* prend tout son sens. Les bonnes initiatives d'entraide se multiplient et s'ajoutent aux mesures de Rostron. Ainsi, le passager de seconde classe Maurice McKenna, qui voyage avec sa femme, ses filles et ses petits-enfants, abandonne volontiers sa cabine à Mme Ada Mary West, une jeune maman alors enceinte, et à ses filles de 4 ans et de 10 mois seulement, Constance et Barbara Joyce. Le père, Edwy Arthur West, qui avait déposé sa femme et ses filles dans une embarcation puis avait récupéré des affaires dans leur chambre, n'a pas pu rejoindre sa famille dans le canot n° 11. Edwy fait-il partie des malheureux qui n'ont pu réchapper à la tragédie ou a-t-il pu grimper dans une autre embarcation ? Ada reste torturée par l'incertitude. Arrive enfin le dernier canot avec ses 75 passagers. Il est tellement chargé que ses plats-bords sont pratiquement au ras de la mer. Après quatre heures et quinze minutes d'efforts, l'équipage du *Carpathia* finit de récupérer les rescapés qui, une éternité auparavant, avaient pris place dans les 16 canots en bois et les 4 canots pliables du *Titanic*. Lorsque le dernier occupant de l'ultime canot apparaît à bord, Ada a sa réponse : malheureusement, son mari n'a pas survécu. Elle est loin d'être la seule à faire un constat semblable. Le capitaine Rostron ordonne de mettre les drapeaux du *Carpathia* en berne.

Quand à 8 heures les cloches sonnent, l'habituel « Toooooout va bien ! » crié par le veilleur peut sembler incongru, en cet instant de deuil. Mais la vie continue.

Néanmoins, Rostron estime respectueux de tenir un office à la mémoire des victimes et une action de grâce pour les survivants. Ainsi, à 8 h 30, il demande au pasteur Roger Anderson d'organiser une prière de remerciement pour ces naufragés qui ont été sauvés et un service funèbre court pour ceux qui ont péri.

Tandis que se déroule cette cérémonie sobre, Rostron retourne sur la passerelle pour superviser les recherches. Il ne voit rien, sinon le corps d'un homme flottant avec sa brassière de sauvetage à environ cent mètres du navire. « Nous pouvions le voir très nettement, se souviendra-t-il. Il reposait sur le côté, son visage dans l'eau. Dans cette position, il lui était impossible d'être en vie. Je ne l'ai pas pris à bord pour une simple raison : je ne voulais pas ajouter à la détresse des rescapés et déclencher une éventuelle hystérie. J'ai donc fait circuler le *Carpathia* de façon que personne ne puisse le voir. »

Des morts, de toute façon, il y en a eu assez, jusque dans les barques où 3 hommes ont succombé au froid. Ceux-là ont malgré tout été hissés à bord. Malheureusement, un quatrième homme, le marin William Henry Lyons, très gravement atteint et toujours inconscient, décède sans avoir repris connaissance à 10 heures. Le pauvre garçon avait sauté du navire en perdition et nagé de toutes ses forces vers le canot n° 4 où il s'était évanoui, épuisé par les efforts et le froid. C'était le 706e survivant[1] !

Le même jour, à 16 heures, le père Roger Anderson préside une nouvelle cérémonie solennelle avant la remise à la mer des 4 personnes ayant péri lors du sauvetage. Les corps ont été déposés sur une petite plateforme et recouverts du drapeau britannique, le temps d'un bref hommage, avant que le drapeau ne soit ôté et chaque défunt poussé doucement vers l'océan.

Tandis que les stewards et des membres de l'équipage guident les rescapés vers les salons et les restaurants, Rostron fait replacer les canots du *Carpathia* dans leurs berceaux, libérant ainsi les bossoirs qui sont activés, cette fois pour hisser les embarcations du *Titanic*.

De fait, expliquera le capitaine du *Carpathia*, « j'ai pu ainsi remonter 13 canots du *Titanic*, 7 que j'ai laissé suspendus sous les bossoirs, et 6 qui ont été déposés sur le

1. C'est pourquoi une inscription, sur la tombe du capitaine Rostron, mentionne 706 âmes.

pont, à l'avant. Tous étaient flambant neufs et répondaient à la réglementation du British Board of Trade. »

À la suite de ces opérations, le *Carpathia* commence à patrouiller sur la zone du naufrage.

18. La terrible confusion

« Le silence est comme le vent :
il attise les grands malentendus
et n'éteint que les petits. »

Elsa Triolet,
Proverbes d'Elsa

À mesure que l'équipage du *Carpathia* prend soin des naufragés et que le jour s'installe, un marin aperçoit la fumée d'un navire à la limite du champ de glace, à environ dix milles au nord. Comme il n'émet aucun signal, l'équipage du *Carpathia* ne lui prête pas vraiment attention, d'autant qu'il doit gérer des urgences.

Vers 6 heures du matin, toutefois, il apparaît que le navire se dirige vers le *Carpathia*. Deux heures plus tard, quand il prend le quart, Bisset constate que le steamer est encore à plus d'un mille et qu'il s'agit du *Californian*, le petit cargo de la Leyland Line qui avait été bloqué par les glaces pendant la nuit. Son capitaine avait jugé plus sage, à raison, de s'immobiliser et d'en avertir les autres navires…

Dans l'après-midi précédant le naufrage, l'unique opérateur radio du *Californian*, Cyril Evans, 20 ans, échange avec un de ses collègues à bord du *Titanic* au sujet de la présence de trois gros icebergs, situés à environ cinq milles au sud du *Californian*. Plus tard, dans la soirée, Evans prévient le *Titanic* que son navire, le *Californian*, est contraint à l'arrêt à 22 h 10, justement à cause de la glace. En guise de réponse, il reçoit une injonction brutale à se taire : « La ferme ! La ferme ! Je suis occupé. Je suis en relation avec Cape Race ; vous brouillez ma communication[1]. » Cette réaction intempestive se comprend d'autant plus qu'Evans a omis de commencer son message par le code spécifiant son caractère officiel et urgent. L'opérateur radio du *Californian*, désormais muet, se contente de suivre les échanges entre le *Titanic* et Cape Race et entend un dernier message à 23 h 25, avant de se mettre au lit, les écouteurs toujours sur les oreilles ; il éteint son équipement dix minutes plus tard, soit cinq minutes avant la collision[2]. À 4 heures du matin, au changement de quart, le commandant en second apprend qu'un gros navire, maintenant hors de vue, a tiré des fusées deux heures plus tôt. Il s'inquiète aussitôt de la signification de cette manifestation, d'autant plus que d'autres fusées ont été tirées par un autre navire au

1. Témoignage de Cyril Evans devant la Commission d'enquête sénatoriale américaine, le vendredi 26 avril 1912.

2. *Ibid.*

sud-est. De fait, ce vaisseau n'est autre que le *Carpathia*, qui annonce sa venue.

À 5 heures du matin, pour évacuer le doute, le commandant en second interrompt la nuit d'Evans. Pourquoi Lord ne pense-t-il pas à réveiller son opérateur radio avant ? C'est là, sans doute, que le bât blesse. Il faut savoir qu'à cette époque on se trouve dans une période de transition où la radio-télégraphie, invention récente, n'a pas encore intégré les habitudes des marins. Evans finit par capter les messages du navire allemand *Frankfurt* et du *Mount Temple*, un vaisseau de la Canadian Pacific, selon lesquels le *Titanic* aurait sombré.

Stanley Lord, le capitaine du *Californian*, finit par repérer le *Carpathia* à l'arrêt à une dizaine de milles de sa position et se remet en route à 6 heures du matin. Vers 8 heures, après une navigation très prudente parmi les glaces, il se rapproche du *Carpathia* et se signale à lui par un jeu de drapeaux.

Sur ordre du capitaine Rostron, Bisset confirme à l'officier du *Californian* que le *Titanic* a heurté un iceberg et a coulé, mais que 700 rescapés ont été sauvés. Bisset réclame ensuite son aide pour rechercher des corps, car toutes les embarcations n'ont peut-être pas été trouvées pour l'heure. Le *Californian* patrouille alors sur la zone, sans apercevoir beaucoup de débris, ni de corps. Puis il reprend sa route vers 11 h 20, lundi matin.

En cette matinée du 15 avril 1912, le capitaine Lord ignore encore qu'il va se retrouver au cœur d'une polémique et se verra reprocher de n'être pas intervenu pour porter secours au *Titanic* pourtant proche. Il faut savoir que sa position dans les glaces le lui interdisait, et aussi que les témoignages de son équipage reposent sur des impressions plus que sur des certitudes. De fait, après avoir pris connaissance de tous ces faits, surtout de la tragédie, le capitaine Lord est assurément décontenancé, et sa personnalité intransigeante lui fera malheureusement prendre une attitude agressive et parfois incohérente qui va lui nuire injustement, au point de lui coûter sa carrière autant que sa réputation.

Les Commissions d'enquête américaine et britannique l'attaqueront pour négligence criminelle, puisqu'il aurait pu atteindre le *Titanic* à temps. Ses accusateurs estimeront que son navire était proche du *Titanic*. Mais la découverte de l'épave prouvera que la distance séparant les deux vaisseaux était bien plus grande que celle imaginée et que, de toute façon, le *Californian* ne serait pas arrivé à temps à cause du champ de glace : l'épave du *Titanic* sera finalement localisée le 1er septembre 1985 à 3 821 mètres de profondeur et à environ 650 kilomètres au large des côtes de Terre-Neuve. Elle gît à plusieurs kilomètres du lieu officiel du naufrage, ce qui contribuera d'une certaine façon à disculper le capitaine Lord et le *Californian*.

À sa manière précise, Rostron apportera d'ailleurs un élément de réponse qui devrait exonérer Lord. En effet, lors de son témoignage devant la Commission britannique, il expliquera qu'il a fait jour vers 4 h 20 et que, à 5 heures du matin, on a pu voir jusqu'à l'horizon. Là, le capitaine du *Carpathia* sera formel : « Nous avons alors aperçu deux navires au nord, à environ 7 ou 8 milles, mais aucun d'eux n'était le *Californian.* »

En outre, ce petit cargo de 137 mètres de long sur 16 de large, capable d'une vitesse de croisière d'environ 14 nœuds, transporte essentiellement des marchandises – notamment du coton – et ne peut alors accueillir que 47 passagers en plus des 55 membres de son équipage. On imagine difficilement comment il pourrait sauver plus de 700 naufragés, voire les 2 200 occupants du *Titanic*...

En réalité, il n'y a jamais eu la moindre négligence délibérée. Evans, le radio du *Californian*, actif à son poste depuis le début de la matinée du 14 avril, qui a éteint son équipement pour aller se coucher, n'a pu capter les appels de détresse du *Titanic.* Auparavant, sur ordre du capitaine Lord, il n'a pas manqué d'envoyer des alertes aux navires, les avertissant qu'à cause des icebergs le *Californian* s'immobilisait pour la nuit.

La méprise commence à 23 h 10 lorsque le troisième officier du *Californian*, qui assure le quart, aperçoit sur l'horizon les feux d'un gros navire en route vers l'ouest. Il pense au *Titanic*, mais n'est pas certain qu'il s'agisse bien du vaisseau de la White Star Line. Une hypothèse serait que quand, à 23 h 40, ce dernier heurte l'iceberg et vire sur bâbord, le troisième officier du *Californian* ne parvient plus à distinguer ce qu'il juge être ses feux de pont et en déduit que l'éclairage a été réduit afin d'inciter les passagers à regagner leurs cabines pour la nuit.

Le troisième officier est relevé peu de temps après, à minuit, par le second officier et un mousse. Ils aperçoivent les feux de côté et la tête de mât d'un navire lointain, qu'ils estiment se diriger vers le sud-ouest pour éviter le champ de glace.

Or, si on pense sur le *Californian* que ce vaisseau, en s'éloignant, disparaît sous l'horizon, à ce moment-là le *Titanic* a en réalité commencé à sombrer par l'avant. Le second officier remarque tout de même que des fusées sont tirées à intervalle régulier et décide donc de réveiller le capitaine Lord qui, encore somnolent, demande s'il s'agit de signaux d'identification.

Cette question se comprend. En effet, si les fusées servent essentiellement en cas de détresse, elles sont aussi couramment utilisées par les navires pour s'identifier auprès des bateaux-phares ou pour se signaler, que ce soit à l'entrée d'un port ou à proximité d'autres navires lorsque l'on se trouve au-delà de la portée visuelle des lampes morse.

Ce mélange des genres n'aurait jamais dû être autorisé, surtout avec l'arrivée de la radio, car il trompe les observateurs. On pense à une banale identification du navire alors qu'il appelle à l'aide ! L'emploi des fusées aurait dû être réservé aux seuls appels de détresse.

C'est donc un énorme malentendu qui induit en erreur le capitaine du *Californian* et son second officier. Tandis que Lord à moitié endormi en reste là, loin d'imaginer la tragédie en cours, le second officier s'efforce d'attirer l'attention du navire avec sa lampe morse. Il ne reçoit aucune réponse. Cela semble logique : tous les officiers du *Titanic* sont alors occupés à mettre leurs canots de sauvetage à la mer. Mais s'agit-il vraiment du *Titanic* ? Rien n'est moins sûr, puisqu'il sera révélé qu'une trentaine de kilomètres le sépare du *Californian*, ce qui le rend trop éloigné pour que les marins de ce dernier l'aperçoivent. Quel serait, dans ce cas, le mystérieux navire aperçu par les équipages des deux navires avant de disparaître ? De nombreuses hypothèses seront émises, dont la plus probable (à partir de 1962) concernera le *Samson*, un bateau de pêche norvégien qui cette nuit-là croise dans la zone. Son équipage ne prendra conscience du naufrage qu'un mois après celui-ci, lorsque le consul de Norvège en Islande leur apprendra la nouvelle.

Bref, l'usage de la radiotélégraphie s'impose plus que jamais.

D'où le calvaire que va vivre le malheureux Cottam.

Si jeune soit-il, seulement âgé de 21 ans, Harold T. Cottam possède déjà une solide expérience de son métier et de la mer. Plus jeune diplômé et sans doute l'élève le plus doué de la Wireless Telegraphy School, il a déjà effectué de nombreux voyages, notamment en Australie, et travaillé dans des stations côtières de la poste avant d'être sélectionné et retenu pour servir à bord du *Carpathia*.

Homme jeune, certes, mais mûri par des années actives, ce garçon de petite taille ne manque pas de prestance et a fière allure quand il revêt son uniforme de Marconi, surtout lors de ses permissions chez lui, dans le Nottinghamshire. À considérer son éducation dans une famille unie et ses premières années professionnelles, Harold n'est assurément pas du genre à fuir ses responsabilités.

Seul opérateur radio à bord du *Carpathia*, son activité n'implique pas une organisation stricte. La télégraphie sans fil, si elle évolue vite dans les transports, n'en est pourtant qu'à ses balbutiements et n'a pas encore révélé tout son potentiel. À l'époque, un opérateur radio organise son temps comme il le veut, étant généralement tributaire des passagers et des messages qu'ils veulent passer à leurs proches.

De fait, comme les occupants d'un navire dorment pendant la nuit, à l'exception notable des membres de l'équipage qui sont de quart, Cottam estime que minuit est une bonne heure pour couper l'alimentation électrique de son équipement et aller prendre du repos, après une longue journée de travail et de veille.

Il se trouve qu'au cours des deux nuits qui ont précédé le naufrage du *Titanic* il ne s'était pas couché avant 2 heures de matin. Il n'est d'ailleurs pas prêt de dormir…

19. Retour et rumeurs

« Voyageur, voyageur, accepte le retour,
Il n'est plus place en toi pour de nouveaux visages. »

Jules Supervielle,
Débarcadères

Une fois tous les rescapés en sécurité à bord de son navire, à 8 h 30, il reste encore au capitaine Rostron une série de décisions délicates à prendre : doit-il récupérer les corps ? Faut-il rallier le port le plus proche, à savoir Halifax ? Il estime que le simple fait de rester sur place pour accomplir cette opération complexe autant que funèbre s'ajouterait à l'angoisse des veuves et des orphelins, mais aussi des autres passagers.

Il lui semble également que ce serait une épreuve terrible pour les rescapés de traverser l'Atlantique en sens inverse[1]. En outre, il ne connaît pas encore leur état psychologique et sait que ce voyage vers l'est empêcherait tout contact radio avec la terre pendant une semaine, ce

1. Sir James Bisset, *op. cit.*

qui serait insupportable autant pour ces rescapés que pour leurs familles toujours dans l'attente.

« Au moment de ma prise de décision qui relevait de l'urgence, ce lundi matin, je n'avais pas encore le compte-rendu général du médecin ; j'ignorais combien de survivants étaient à moitié morts, combien étaient malades, mais je savais que je ne devais pas tarder, d'autant plus que les compagnies concernées, la White Star Line et la Cunard attendaient impatiemment des nouvelles.

« Je me doutais que la destination de Halifax m'aurait contraint à traverser de la glace, ce qui aurait représenté une épreuve supplémentaire et insoutenable pour ces pauvres gens qui sortaient à peine d'une telle expérience. En outre, il leur faudrait ensuite gagner New York par le train, ce qui n'est pas moins fatigant après ce qu'ils ont enduré.

« Cela dit, quelles seraient les conditions météorologiques pendant ce parcours hasardeux, au terme duquel je me demandais quel type d'accommodation je pourrais offrir aux rescapés. Nous ne disposions alors d'aucune information. C'est aussi l'annonce d'une météo plus clémente sur la route pour New York qui a entraîné ma décision de choisir cette ville. »

Par ailleurs, Rostron souhaite établir sans tarder le contact radio avec les stations côtières, car Cottam ne dispose que d'un équipement à la puissance relativement faible, et il faut aussi compter avec les interruptions dues à la réception de messages expédiés par d'autres navires, ou en provenance de la terre, principalement de la presse.

En cette matinée du 15 avril, sur ordre du capitaine, Cottam est donc chargé d'envoyer des dizaines de messages prioritaires, quitte à utiliser d'autres navires pour les relayer, car son émetteur est de trop faible portée pour être capté par la station de Cape Race, à environ 350 milles au nord-ouest du site du naufrage. Il envoie donc, en premier lieu, un marconigramme à la Cunard et un autre à la White Star Line, dans lesquels il annonce et confirme le naufrage. Rostron précisera ensuite que le commissaire de bord a sollicité son autorisation pour envoyer le marconigramme qui confirme le naufrage du *Titanic* ; Ismay, en tant que directeur général de la White Star Line, devrait aussi être inclus dans le processus décisionnel, surtout aux yeux de Rostron pour qui il représente la compagnie du *Titanic*, mais, Ismay étant « mentalement malade » à ce moment, le capitaine du *Carpathia* y a consenti seul.

« Le message d'Ismay était pratiquement identique au mien », confirmera Rostron.

Il faut faire savoir que le *Carpathia* se détourne de sa destination, la Méditerranée, et qu'il est en route pour New York afin d'y ramener les rescapés du *Titanic*.

Le 19 avril, lors de la Commission d'enquête américaine, Rostron expliquera : « Après avoir fait partir ces deux messages, j'ai adressé un communiqué de presse à l'agence Associated Press, employant pratiquement les mêmes mots que dans mes précédents télégrammes. Il s'agit des trois premiers messages envoyés. Après, nous avons commencé la transmission de la liste des passagers de première classe, en utilisant l'*Olympic* comme relais. »

Dans l'intervalle, hélas, un message mentionnant Halifax a été relayé jusqu'à terre, subissant en cours de route des altérations qui en modifient grandement le sens général au point que certaines versions laissent entendre que les passagers et l'équipage du *Titanic* seraient indemnes, et que le navire gravement endommagé est remorqué jusqu'à Halifax.

L'un d'eux, imputé à la White Star Line, va plus loin : « *Titanic* en route pour Halifax. Passagers débarqueront probablement mercredi. Tous saufs. »

Épuisé, certes, mais aussi très ennuyé quand il apprend qu'un message annonce le remorquage du *Titanic* et de ses occupants indemnes vers Halifax, Cottam se souvient bien que le capitaine Rostron a envisagé cette destination, avant d'y renoncer.

Comment a-t-on pu déformer à ce point un télégramme ? Cottam reconnaîtra plus tard qu'il a pu mentionner Halifax dans l'un de ses innombrables messages – il en a justement envoyé tellement et il est si fatigué qu'une confusion reste possible… Mais de là à parler d'un remorquage du paquebot avec ses passagers sains et saufs, il se montre catégorique : impossible !

Moins d'une heure après avoir donné un cap à l'ouest à son navire, Rostron s'est ouvert de sa décision auprès de Bruce Ismay et de plusieurs rescapés, avant d'envoyer un message à la Cunard : « Je me rends à New York, sauf avis contraire, avec environ 800 rescapés, après avoir consulté M. Ismay ; au vu des conditions, avec toute cette glace dans les parages, je considère le choix de New York comme étant le plus judicieux. »

Grâce à son émetteur puissant, l'*Olympic* relaie à la White Star Line ces informations, mais estime à 675 le nombre de survivants. À 6 h 16, le 15 avril, le capitaine Haddock, de l'*Olympic*, adresse à la White Star Line le premier communiqué officiel concernant le désastre : « Le *Carpathia* a atteint la position du *Titanic*, à l'aube. Le *Titanic* a sombré vers 2 h 20 du matin, par 41° 46' nord, 50° 14' ouest. Environ 675 âmes sauvées, équipage et passagers, essentiellement des femmes et des enfants pour ces derniers. Le *Californian*, de la Leyland Line, reste sur place et poursuit les recherches. Le *Carpathia* retourne à New York ; soyez aimable d'en avertir la Cunard[1]. » Bouleversé, Franklin en fait l'annonce officielle à la presse, confirmant ainsi les pires racontars qui avaient circulé pendant la journée.

Dès le matin du lundi 15 avril, les rumeurs les plus folles s'entrechoquent dans les rédactions à New York, surtout depuis l'annonce que le *Titanic* a heurté un iceberg.

1. Témoignage du capitaine Herbert J. Haddock, pacha de l'*Olympic*, devant la Commission d'enquête sénatoriale américaine, le 25 mai 1912.

Les journaux flairent du sensationnel et rivalisent très tôt d'imagination en publiant des premiers comptes-rendus souvent erronés, voire farfelus, ajoutant à la confusion générale. Ainsi, la une de l'*Evening Sun* du 15 avril 1912 annonce la collision et que tous les passagers du *Titanic* sont saufs ; un même constat s'étale sur la première page du *Word*, toujours ce 15 avril : « Naufrage du *Titanic* : tous les passagers sont saufs. » Pas un seul article ne mentionne alors le *Carpathia*. Certaines publications sont surréalistes, ce que souligne le correspondant du *Times* à New York, précisant que les rapports contradictoires de la matinée ont déconcerté tout le monde. Son journal en est l'illustration : dans son édition du mardi 16 avril, citant diverses sources, le *Times* informe les Anglais que le *Titanic* a coulé, ce qui a entraîné de nombreuses pertes humaines, mais indique dans le même temps que le paquebot a sombré sans faire de victimes, et qu'il fait maintenant route vers New York par ses propres moyens. D'autres articles précisent qu'il est actuellement remorqué vers Halifax par le *Virginian*, un paquebot de la compagnie britannique Allan Line[1]. Aucun média ne possède les bonnes informations. Plusieurs journalistes sont passagers du *Carpathia*, dont Carlos F. Hurd, reporter au *St. Louis Post-Dispatch*, et Howard Chapin, directeur commercial adjoint du *Providence Evening News*. Tous deux se voient au cœur d'un des événements les plus

1. « The News in New York », « Titanic Disaste », « The Titanic is Sunk », « Rescue of the Passengers », *The Times*, 16 avril 1912.

extraordinaires et les plus importants du XXe siècle, une place exceptionnelle que leur achèteraient à prix d'or les journalistes du monde entier.

Toute information vaut de l'or, et ils le savent. Les témoins à disposition sont nombreux : Hurd et Chapin s'empressent donc de recueillir des récits de première main, qui reflètent plus ou moins bien la réalité du naufrage, mais également des rumeurs. Ainsi, Hurd interroge notamment Robert Hichens, l'homme qui était à la barre du *Titanic* cette nuit-là, ce qui lui permet de rassembler les éléments qui fourniront la matière d'un article sensationnel dès son arrivée à New York.

Mais le capitaine Rostron, qui sait que nombre de ses passagers travaillent dans des médias à des postes souvent importants, souhaite éviter que l'on perturbe les survivants traumatisés. Alors les journalistes doivent se faire discrets et prendre leur mal en patience : le pacha du *Carpathia* s'obstine à refuser à la presse l'accès au local de l'opérateur radio. Son usage reste strictement réservé à l'organisation du sauvetage et à la transmission des listes de survivants.

Le capitaine n'ignore pas que la presse va assaillir de messages le *Carpathia* dès que possible, et il a raison.

20. Qui croire ?

« Vous les hommes,
jusqu'à quand ces cœurs fermés,
ce goût du rien,
cette course au mensonge ? »

Ancien Testament,
Psaumes

Une fois confirmée l'annonce du naufrage du *Titanic* et son ampleur, une pluie de télégrammes inquiets s'abat sur les journaux.

Faute de précisions et de confirmation, ils ne peuvent pas affirmer que le *Carpathia* est l'un des navires – et peut-être le seul – à être partis au secours du *Titanic*. L'espoir que les *Virginian* et *Parisian* de la Allan Line, le *Californian* de la Leland Line ou encore un navire de pêche aient pu sauver des vies reste tenace.

L'attention se focalise bientôt sur le *Carpathia* lorsque le *New York Times* affirme que le navire fonce vers New York avec 866 survivants, et non plus 800 comme l'a souligné un article paru plus tôt.

Des messages porteurs d'angoisse et d'espoir fusent vers le *Carpathia*. Commence alors un véritable calvaire pour Cottam, car, pendant plus de trois jours, sans discontinuer, souvent au bord de l'épuisement, il va devenir l'intermédiaire très sollicité entre des rescapés pressés de rassurer des proches et des familles habitées par le doute. Le 15 avril, après trente-six heures sans sommeil et vingt-quatre heures de transmission constante, il est exténué mais fidèle au poste quand il commence l'envoi des 322 noms des passagers des première et seconde classes. Il les adresse à l'opérateur radio de l'*Olympic* qui va les relayer à terre et qui constate le stress et la grande fatigue de son collègue du *Carpathia*.

L'après-midi, Herbert Haddock, le capitaine de l'*Olympic*, propose au *Carpathia* de transférer les survivants à bord de son paquebot, mais Rostron refuse. En effet, le transfert d'un navire à l'autre ne serait pas aisé au milieu de l'océan, et Rostron craint de réveiller chez les rescapés le traumatisme dû à leur évacuation du *Titanic* et aux conditions qui ont accompagné leur récupération par le *Carpathia*. De plus, selon lui, comme l'*Olympic* est le jumeau du *Titanic*, cette ressemblance frappante pourrait choquer davantage les survivants.

Les deux navires étant en mouvement, le contact finit par s'affaiblir avant de cesser le soir du lundi 15 avril. Malgré des conditions atmosphériques déplorables, qui perturbent la circulation des ondes, le radio de l'*Olympic* peut néanmoins faire passer par Cape Race la première liste transmise par le *Carpathia* et en achève l'émission aux premières heures du mardi 16 avril. Au lever du soleil, le contact entre l'*Olympic* et Cape Race est définitivement interrompu.

L'unique bureau de la White Star Line à New York doit faire face à un déferlement de plusieurs centaines de personnes avides de savoir ce qu'il s'est produit, sans parler d'une avalanche de milliers de télégrammes et d'appels téléphoniques. À ce stade, l'entreprise n'a toujours pas reçu le message d'Ismay : émis dans la matinée du lundi 15 avril, il ne parviendra au bureau de M. Franklin, à New York, que le mercredi 17 avril, à 9 heures du matin. Cela pose évidemment question ; selon la Commission d'enquête américaine qui produira le document, il aurait été envoyé du *Carpathia* le 17 avril seulement, *via* la station terrestre de Halifax[1].

De leur côté, les bureaux de la Cunard sont envahis par une foule en quête d'informations ; Charles P. Sumner, le directeur général, déclare à la presse qu'il a réclamé à cinq reprises au capitaine Rostron la liste complète des survivants du *Titanic*, et que ses demandes sont restées lettres mortes, car elles ne lui sont apparemment pas parvenues. Il ne peut même pas informer les médias de la position du *Carpathia*.

1. Eric L. Clements, *Captain of the Carpathia*, Conway/Bloomsbury Publishing, Londres, 2016.

Ce que Sumner ignore, le *Minnewaska*, un paquebot qui a quitté New York pour Londres, le dimanche 14 avril, l'apprend le mardi 16 avril, lorsqu'il établit le contact avec le *Carpathia*. Conscient que le monde entier retient son souffle, son capitaine demande à Rostron le nombre de survivants et leur liste complète. La réponse arrive à 12 h 40, assurant au *Minnewaska* que le *Carpathia* n'est que trop désireux de transmettre cette liste à terre, qu'il fait tout son possible. Étant donné que la liste des passagers survivants de première et de seconde classe a déjà été confiée à l'*Olympic*, le *Carpathia* utilise le relais du *Minnewaska* pour expédier à terre une deuxième liste, comprenant plus de 200 noms de survivants.

Toutefois, la première liste comporte tant d'inexactitudes, voire de répétitions dans les noms, qu'elle ne correspond pas vraiment aux listes officielles établies avant l'embarquement. Certains médias transmettent donc des informations erronées, notamment concernant le nombre de pertes humaines. L'édition du *New York Times* du mardi 16 avril évoque 1 250 victimes. Certains médias, encouragés par un sensationnalisme de mauvais goût, gonflent les chiffres, comme le fait la presse de Hearst, qui n'hésite pas à clamer que le nombre de morts pourrait dépasser les 1 800.

Par chance, le mardi 16 avril 1912, vers 17 heures, le *Carpathia* établit son premier contact radio, même si le signal est faible, avec la station gouvernementale canadienne de

Sable Island, à environ 120 milles au sud-est de Halifax, en Nouvelle-Écosse.

La portée encore limitée de la radio, ajoutée à de mauvaises conditions atmosphériques, ne facilite pas les transmissions souhaitées, voire les freine.

Cependant, tard dans la nuit du 16 avril, Rostron parvient à avertir la Cunard que le *Carpathia* devrait arriver à New York le jeudi 18 avril, à 23 heures. Malheureusement, parce que le navire entre dans une zone qui empêche le passage des ondes radio, un silence forcé s'installe presque toute la journée suivante.

Le président des États-Unis, William Howard Taft, se montre particulièrement impatient de connaître le sort des rescapés, surtout celui de son ami et conseiller le major Archibald Willingham Butt, 47 ans. Taft avait confié à Butt la mission de se rendre à Rome pour transmettre un message au pape Pie X, accompagné du peintre Francis David Millet, et ils avaient donc repris le chemin vers les États-Unis à bord du *Titanic*.

Le 16 avril au soir, le président Taft, sans nouvelles, dépêche l'USS *Chester* et l'USS *Salem*, deux croiseurs légers, au-devant du *Carpathia*, afin d'établir au plus vite un contact radio et un relais pour transmettre à terre les informations les plus précises concernant l'identité des survivants et les circonstances exactes du naufrage.

C'est pourtant le *Franconia*, un autre navire de la Cunard, qui, dans la matinée du mercredi 17 avril, à 6 h 10, établit le contact avec le sauveur du *Titanic*. Il relaie les informations du *Carpathia* aux bureaux new-yorkais de la Cunard, qui en avise le monde à partir de midi : à 9 heures du matin, le *Carpathia* se trouvait encore à cinq cents milles à l'est du port de New York et il devrait y arriver le lendemain, le jeudi 18 avril à 20 heures. Il ramène 705 survivants et relaie nombre de leurs messages à Sable Island. Cependant, le *Boston Daily Globe* rapportera que les demandes les plus pressantes, émises par des proches angoissés autant que concernés par le désastre, transmises par l'intermédiaire du *Franconia* et d'autres navires, ne reçoivent aucune réponse du capitaine Rostron.

L'USS *Chester* entre en contact avec le *Carpathia* vers 13 heures, le mercredi 17 avril. Au cours de l'après-midi, le paquebot transmet enfin sa dernière liste de survivants, ceux de la troisième classe, via le *Chester*, qui la relaie à la station navale de Newport, à Rhode Island, grâce au concours de l'USS *Salem*, juste avant minuit. Entre-temps, le *Carpathia* a pu enfin entrer en contact direct avec les États-Unis par l'intermédiaire de la station Marconi de Siasconset, à Nantucket Island.

Le jeudi 18 avril, au lever du jour, le *Carpathia* passe le bateau-phare de Nantucket, à environ deux cents milles à l'est de New York. Le navire continue de transmettre les informations au compte-gouttes et de privilégier l'envoi des messages des rescapés.

21. Capitaine obstiné

« L'obstiné dans le vrai a la grandeur. »

Victor Hugo,
Les Travailleurs de la mer

Très lucide et conscient de la portée que peut prendre le moindre mot envoyé un peu trop rapidement, Rostron se consacre au plus urgent : son arrivée sous très haute surveillance à New York.

Le *Carpathia* aurait-il dû rester sur le lieu du naufrage et patrouiller sur la zone afin de récupérer des corps ? Il lui aurait fallu une quinzaine de jours pour mener partiellement à bien sa mission et aurait transformé son navire en morgue flottante. En outre, le personnel n'était pas qualifié pour réaliser la délicate opération d'identification, voire d'embaumement ou de conservation des corps.

Le câblier *Mackay-Bennett* sera affrété à Halifax, deux semaines plus tard. Il repêchera 205 corps, qui bénéficieront d'une inhumation religieuse. Pendant des mois, voire des années, la plupart des équipages affectés au service transatlantique considéreront la zone du drame comme un site hanté à éviter, et nombre de capitaines en détourneront même leurs navires.

Le jeudi 18 avril 1912, à midi, le *Carpathia* sort de son silence pour signaler qu'il se trouve à 95 milles à l'est du phare d'Ambrose, dans la Lower New York Bay, au sud d'un détroit situé entre Staten Island et Long Island. Il navigue dans une brume épaisse et avertit que son équipement radio fonctionne mal. Le même jour, le journal britannique *The Times* publie un article où son correspondant new-yorkais trouve le *Carpathia* « silencieux de manière inexplicable » et évoque une censure éventuelle.

Il précise que, une fois la communication établie, aucun détail ne suit la liste des survivants. Dans la foulée, le *New York Times* pose abruptement la question : « Y a-t-il un censeur à bord du *Carpathia* ? »

Dans les listes transmises, les fautes et les doublons sont fréquents. Il est difficile d'orthographier correctement tous les patronymes et de se rappeler ceux qui ont déjà été transmis. À ce travail surhumain vient se greffer l'expédition des messages personnels que les rescapés adressent très naturellement à leurs familles pour les rassurer quant à leur sort.

Cottam, qui n'a guère dormi depuis la nuit du naufrage, est sur le point de sombrer lui-même, submergé par l'épuisement et les demandes, certes légitimes, mais peu compatibles avec sa fatigue et la faiblesse de son équipement.

Il doit également gérer le flot de communications officielles, répondre aux autres navires, sans vraiment bénéficier de temps pour se nourrir ou pour se reposer. Il dort littéralement debout ou assis, sans pouvoir s'allonger. L'épuisement finit par l'emporter sur sa volonté et par le terrasser au point qu'il s'écroule sur son équipement, se réveillant seulement aux premières lueurs de l'aube, le mercredi, pour reprendre aussitôt sa place, ne disposant que de peu de minutes pour avaler le repas qu'on lui apporte – il n'a rien avalé depuis plus de vingt et une heures.

Le malheureux radio n'en est qu'au début de son calvaire ; il déclarera plus tard que, entre le moment où le *Carpathia* a quitté le lieu du naufrage et celui où il a accosté à New York, il a seulement dormi pendant une petite dizaine d'heures sur un total de quatre-vingt-six.

Il s'accroche néanmoins à ses écouteurs, travaille au-delà des limites de l'endurance. Pendant ce temps, Harold Bride, l'opérateur radio junior du *Titanic*, se morfond sur sa couchette à l'infirmerie du *Carpathia*, où il est immobilisé par ses engelures douloureuses aux pieds. Alors, quand ce même mercredi, vers 17 heures, un de ses visiteurs lui annonce qu'un Cottam surmené risque de craquer pour de bon, il n'hésite pas à se porter volontaire pour assister son collègue, bien que son propre état exige lui aussi du repos.

Dans l'incapacité de se déplacer autrement qu'avec des béquilles, Bride est néanmoins porté jusqu'au local de

Cottam, sur le pont supérieur, et va l'assister jusqu'à New York en dépit de ses blessures. Ce soutien plus que bienvenu permettra enfin au radio du *Carpathia* de se nourrir, de prendre des pauses et de voler une heure de sommeil ici et là.

Afin de réduire ce chaos, le même jour, la compagnie Marconi et le gouvernement américain tombent d'accord pour faire taire toutes les stations gouvernementales non concernées, ainsi que toutes les stations commerciales – à l'exception des stations Marconi, à savoir Siasconset, Sagaponack et Seagate – qui se trouvent sur la route empruntée par le *Carpathia* vers New York, pour ouvrir un boulevard d'ondes au navire de la Cunard.

22. Terre ! Terre !

« Comme le cœur bondit quand la terre natale,
Au moment du retour, commence à s'approcher,
Et du vaste Océan sort avec son clocher !
Et quel tourment divin dans ce court intervalle,
Où l'on sent qu'elle arrive et qu'on va la toucher ! »

Alfred de Musset,
Le Retour

Le jeudi 18 avril au matin, la patience et le moral de la majorité des rescapés s'effritent à bord du *Carpathia*, alors au large de Nantucket, avec une arrivée à New York pourtant prévue le soir même. L'atmosphère s'assombrit sur le navire, en dépit des attentions de l'équipage. Si la santé vacille encore chez nombre de rescapés, le moral menace maintenant de s'effondrer. Une fébrilité et une hâte s'emparent des survivants.

La rescapée américaine Emma Schabert, sauvée à bord du canot n° 11, n'en peut plus d'attendre sur ce navire terriblement surchargé, déplorant de n'avoir pu changer de vêtements depuis son sauvetage et d'avoir dû dormir dans le salon-fumoir et dans la bibliothèque. Elle est surtout chagrinée de voir toutes ces jeunes veuves en larmes, assises ici et là[1].

De son côté, Gladys Cherry écrit une lettre à sa mère[2] le 18 avril 1912 dans laquelle elle évoque sa crainte que le brouillard ne retarde leur arrivée et déclare qu'elle ne supportera pas une nuit de plus à bord. Si elle souligne le professionnalisme à bord du *Carpathia* : « Tout l'équipage, le capitaine, les passagers et les stewards ont été parfaitement délicieux avec nous », elle ne cesse de lutter avec ses souvenirs de la nuit tragique. Un calmant que lui remet le médecin apaise quelque peu ses tourments, sans l'empêcher, toutefois, de se réveiller en sursaut, terrifiée. « Et pourtant, explique-t-elle dans sa lettre, ma situation n'est en rien comparable avec celle de ces pauvres veuves. C'est tellement horrible de les voir souffrir ainsi. »

En outre, l'agressivité de la presse commence à incommoder les opérateurs radio. Interrogé par Marconi lui-même pour savoir s'il avait renseigné les journaux, Bride sera clair : « Pas un mot, monsieur, pas un seul mot. J'ai trouvé leur insistance si déplacée que j'ai interrompu leur

1. Ces impressions d'Emma Schabert ont été rapportées par Mike Poirier dans un article publié le 8 septembre 2018 dans l'Encyclopedia Titanica et intitulé « Siblings' love survives fateful night ».

2. Courrier écrit par Gladys Cherry le 18 avril 1912 et intitulé « While on board the *Carpathia* », reproduit par Georges Behe, un historien spécialiste du *Titanic*, dans son ouvrage *On Board RMS* Titanic*: Memories of the Maiden Voyage* (Lulu.com, 2011).

communication pour me consacrer à nos propres messages. »

Le fardeau du deuil est déjà lourd à porter pour ceux qui connaissent la vérité, mais comment réagiront les familles, les amis en attente à New York ?

La peur est palpable au seuil de la nuit, berceau de tous les sortilèges.

Des naufragés ont préféré s'enfermer dans les cabines mises à leur disposition, s'y isoler pour ne pas voir la pénombre s'installer, et avec elle son cortège de nouveaux spectres. Le principal danger, outre la solitude forcée pour beaucoup, tient à ce qu'ils peuvent perdre le contact avec le réel.

En dépit de la bonne volonté qui règne sur le *Carpathia*, l'atmosphère générale demeure lourde et funèbre. Et le voyage vers New York se révèle autant éprouvant qu'émouvant : le *Carpathia* a traversé un violent orage, le 16 avril, et une pluie diluvienne dès le lendemain. Dans la brume et un crachin glacial, tout fonctionne au ralenti. On pourrait croire à un navire fantôme en raison du silence et de l'atmosphère sombre qui y règnent.

Le soir du jeudi 18 avril 1912, le *Carpathia* émerge du brouillard, près du phare de Sandy Hook, à 18 h 10. C'est à cet instant que le capitaine du *Carpathia* va prendre la mesure de l'ampleur de cette affaire exceptionnelle[1]. À l'entrée du port de New York, une flottille, transportant

1. Sir James Bisset, *op. cit.*

notamment le maire de la ville, l'accueille en fanfare. Elle se compose de remorqueurs, de yachts, de vedettes, d'une myriade de petits navires, la plupart croulant sous les journalistes et les photographes de presse visiblement prêts à l'abordage, ou en tout cas bien décidés à l'accompagner jusqu'à son quai sur la Hudson River.

Rostron craint que les rescapés, déjà traumatisés, ne soient mitraillés de questions par des journalistes avides de détails sordides et peu en empathie avec leur deuil et leur désespoir.

Face à ce qu'il considère comme une agression, il se sent pour la première fois démuni.

23. Peur de l'avenir

« Rien ne rehausse l'autorité mieux que le silence, splendeur des forts et refuge des faibles. »

Charles de Gaulle,
Le Fil de l'épée

À mesure que le *Carpathia* longe la côte, une foule frénétique s'amasse et ne fait que croître. Lorsqu'il se rapproche du quai 54 de la Cunard, plus de 30 000 personnes attendent le navire, malgré une pluie battante.

Si la présence de cette foule ne surprend pas Rostron, il s'inquiète[1] davantage de celle de la véritable « armada » nautique venue à sa rencontre. En effet, quand le *Carpathia* s'arrête momentanément près du phare d'Ambrose pour accueillir le pilote qui va le mener jusqu'à son quai, des vagues de remorqueurs, de ferries, de yachts, de canots à moteur et de nombreuses autres embarcations arrivent déjà à sa rencontre.

1. Arthur Rostron, *op. cit.*

À leur bord, certaines personnes portent des pancartes sur lesquelles sont inscrits en gros caractères les noms d'amis ou de proches portés disparus. Bientôt une cinquantaine de bateaux encerclent le *Carpathia* ; tous transportent des meutes de journalistes hurlant leurs questions à l'aide de mégaphones vers la passerelle toujours silencieuse.

Le capitaine Rostron n'a pas l'intention de livrer les rescapés à des hordes de journalistes irrespectueux qui les harasseraient avec des questions sordides, ainsi qu'il le rapportera : « Le *Carpathia* s'approchait du phare d'Ambrose quand on m'a hélé avec un porte-voix pour savoir si j'allais jeter l'ancre cette nuit. Non, ai-je répondu, je vais gagner le port car j'ai des malades à bord. »

Conscient des difficultés auxquelles il doit maintenant faire face, Rostron interdit l'accès du *Carpathia* à quiconque, à l'exception du pilote. Il juge cette mesure nécessaire pour éviter toute confusion qui pourrait retarder le passage en quarantaine à Ellis Island et aux douanes. Rostron n'ignore pas que son navire, en son état actuel, ne répond pas aux critères exigés par les autorités sanitaires américaines, puisque les passagers ont librement circulé entre les différentes classes[1] après le sauvetage des rescapés

1. À l'époque de la traversée du *Titanic*, les barrières sociales sont plus que marquées et les autorités redoutent que des maladies se propagent entre passagers de troisième classe et de classes supérieures. À bord des paquebots, il est donc courant qu'on interdise

du *Titanic.* Il espère néanmoins que, au vu des circonstances exceptionnelles qui le ramènent à New York, une dérogation leur sera accordée sous la forme d'un assouplissement des contrôles.

Pour l'heure, tout l'équipage du *Carpathia* est à son poste : Bisset, en sa qualité de deuxième officier, est sur la passerelle de commandement, tandis que le commandant en second se tient à la proue. Quant à Dean, le premier officier, et à Rees, le troisième officier, ils sont à la poupe. Ce dernier doit accueillir le pilote à bord, qui accède au *Carpathia* grâce à une échelle de coupée, une fois son embarcation rangée contre la coque du navire.

Le *Carpathia* s'immobilise momentanément, et les occupants des navires qui l'entourent déchantent quand ils s'aperçoivent qu'ils ne pourront pas embarquer. Monte alors un concert de protestations véhémentes, de supplications, parfois de menaces, suivi d'une rafale de questions. La confusion est totale, mais la résolution de Rostron est inébranlable : personne à bord, et pas de réponse ! Des journalistes agitent des liasses de dollars pour tenter d'amadouer les passagers et les membres d'équipage qui les observent, accoudés au bastingage[1].

Costaud, habitué à en découdre, Rees réussit à barrer la route à cinq reporters qui sont parvenus à se hisser sur

---

aux passagers de se mêler aux autres classes, avec un relâchement à peine toléré entre les première et deuxième classes.

1. Sir James Bisset, *op. cit.*

l'embarcation du pilote tandis que ce dernier est sur le point de grimper à bord du paquebot[1].

Aussitôt le pilote à son poste, le *Carpathia* s'engage dans le réseau de canaux qui va le conduire à bon port. Il n'est pas débarrassé pour autant de la flotte de bateaux et des journalistes qui réclament toujours leur « histoire » à l'aide de mégaphones. Le navire et son escorte passent ainsi dans le Lower Bay, le détroit entre Staten Island et Brooklyn.

Le *Carpathia* atteint le centre de quarantaine, sans avoir à se plier aux procédures habituelles ; le navire ralentit seulement aux Narrows[2] pour permettre à des fonctionnaires du service de santé d'embarquer avant de poursuivre lentement sa route dans l'Upper Bay. Au grand soulagement général, l'inspection relève d'une simple formalité, en raison des circonstances exceptionnelles qui ramènent le navire à New York. Le geste est néanmoins très apprécié.

« L'arrivée du *Carpathia* suscite un intérêt intense. Jamais, peut-être, dans son histoire, la ville n'aura été aussi terriblement impressionnée. De plus, la pluie amplifie la tristesse[3] », écrira le correspondant à New York du *Times* britannique.

1. Sir James Bisset, *op. cit.*

2. The Narrows (qui signifie « détroit » en français) désigne un chenal qui, à New York, entre Brooklyn et Staten Island, relie l'Upper New York Bay à la Lower New York Bay. Il s'agissait d'une voie déjà très fréquentée à l'époque du *Carpathia*.

3. *The Times* du 19 avril 1912 : « Awaiting the Carpathia. »

Pour les survivants qui revoient la terre ferme après tant d'épreuves, l'impression de cette arrivée confine au malaise, amplifié par la violence de l'orage, les clameurs et les flashes des appareils photos.

24. New York, enfin !

« La presse est une école d'abrutissement
car elle dispense de penser. »

Gustave Flaubert,
Correspondance

Le *Carpathia* passe près de la statue de la Liberté où l'attend un remorqueur qui le conduira jusqu'à son poste d'accostage. Le capitaine David J. Roberts, superintendant de la Marine pour la Cunard, après avoir consulté des responsables de la White Star, juge le quai de la compagnie plus propice que celui de la White Star pour accueillir les passagers. Le surintendant des services de la Marine demande néanmoins au *Carpathia* de s'arrêter à proximité du quai de la White Star Line, donc non loin de sa destination, afin d'y déposer les canots de sauvetage du *Titanic*. C'était d'ailleurs l'intention de Rostron, une façon symbolique de faire accoster le *Titanic* à sa destination : « Lorsque nous sommes arrivés à New York, j'ai adressé un message à la White Star Line pour que deux remorqueurs viennent récupérer les canots du *Titanic*, lesquels, vu leur position sous nos bossoirs et sur le gaillard avant, auraient gêné nos manœuvres d'accostage au quai de la Cunard.

« J'étais plus qu'ennuyé car, cette nuit-là, une sale nuit, la météo était détestable. De plus, ce n'était pas une arrivée comme les autres, et pour cause : le monde entier attendait le navire et se pressait dangereusement autour, au point de gêner les manœuvres. »

À 20 h 40, Rostron ordonne à Bisset de superviser la mise à l'eau des 13 canots de sauvetage du *Titanic* que les marins du paquebot disparu amènent jusqu'au quai. L'émotion est grande quand ils touchent le sol américain.

Ce devoir solennel accompli, Rostron effectue enfin l'ultime étape qui mène son navire au quai de la Fourteenth Street de la Cunard.

La pluie drue parvient à rabattre la fumée du navire, tandis qu'une brume humide brouille l'horizon et le rend fantomatique. Les membres de l'équipage affectés à l'accostage s'affairent maintenant sur le pont et échangent déjà avec les hommes en attente, là-bas sur le quai.

Des milliers de personnes bravent la pluie et le froid sur le quai où le capitaine Roberts a pris l'initiative de déployer plus de cent cinquante employés de la Cunard et de la White Star Line. À l'extérieur, plus de deux cents policiers se tiennent également prêts à intervenir en cas de débordements.

Le navire, après avoir glissé lentement le long du quai, accoste enfin et s'immobilise. Un grand frisson parcourt alors la foule de curieux, de parents, de journalistes et d'officiels, tous impatients de savoir la vérité. Sur le quai, les visages se lèvent pour tenter d'identifier un proche. De même, des rescapés braquent leur regard vers la multitude en quête de traits familiers réconfortants. Il pleut à l'infini. Le quai, détrempé, ne parvient plus à absorber l'eau, dont les flaques s'élargissent à mesure que les percutent des myriades de gouttes. Le ciel pleure.

Faute d'avoir reçu des renseignements précis sur l'état de santé des survivants, des médecins, des infirmières et des brancardiers sont à pied d'œuvre, de même qu'une centaine de représentants des douanes, des membres de l'Armée du Salut, un comité du New York Stock Exchange, qui se propose de distribuer plus de 20 000 dollars[1] aux passagers les plus démunis, et un comité de soutien au *Titanic* créé par des New-Yorkais.

Vers 21 h 30, Rostron fait manœuvrer le *Carpathia* vers la partie nord du quai 54 ; cinq minutes plus tard, la première passerelle est mise en place. Les rescapés du *Titanic* commencent à débarquer.

La Cunard a pris en compte les demandes de laissez-passer des proches des rescapés et s'est arrangée pour que plus de 500 d'entre eux puissent attendre leur parent ou ami derrière une lettre correspondant à l'initiale du nom de famille du survivant.

1. Les 20 000 dollars de 1912 représentent aujourd'hui environ 650 000 dollars.

Les employés de la Cunard et de la White Star encadrent la passerelle pour en empêcher l'accès à la foule et font en sorte d'orienter les rescapés vers la lettre qui les concerne. Nombre des passagers de troisième classe, partis en quête d'une nouvelle vie aux États-Unis, ne sont attendus par personne sur le quai. Les représentants des douanes et des bénévoles se chargent alors de leur apporter un premier réconfort.

Un silence respectueux accompagne d'abord la descente des survivants, puis des gémissements de lamentation suivent, comme si un flot d'émotions trop longtemps contenu se libérait enfin.

25. En quête de la vérité

« Le soin de me soustraire à l'injustice
me coûte plus que de la subir. »

Madame Roland,
Mémoires

Au moment de quitter le quai, certains rescapés sont happés par les journalistes, lesquels posent les questions les plus inappropriées. Par exemple, se souviendra le passager de deuxième classe Lawrence Beesley, ils veulent savoir s'il est vrai que des officiers du *Titanic* ont tiré sur des passagers, qu'il y a eu des fusillades entre passagers. Avides de sensationnel, ils aspirent à connaître dans le détail des scènes d'horreur.

Pour le *Carpathia* s'amorcent maintenant les fastidieuses investigations pour comprendre la tragédie, le déroulement des secours, des échanges radio, et le sauvetage mené par le capitaine Rostron. Guglielmo Marconi[1]

1. Né à Bologne le 25 avril 1874, le physicien, inventeur et homme d'affaires italien Gugliemo Marconi reçoit le prix Nobel

s'est empressé de monter à bord pour s'entretenir avec ses opérateurs radio, tout comme Philip Franklin, vice-président et directeur général de l'International Mercantile Marine, soucieux de faire le point avec Bruce Ismay, son président. Des responsables de la Cunard et les inévitables reporters se précipitent pour traquer l'information, sans oublier les sénateurs William Alden Smith et Francis G. Newlands, en quête de faits liés au naufrage et qui, dès le lendemain, commenceront les auditions des témoins, membres d'équipage des deux navires et passagers rescapés.

En effet, le 17 avril, alors que le *Carpathia* se trouvait encore à cinq cents milles de New York, le Sénat des États-Unis a décidé à l'unanimité la création d'un sous-comité de son Comité du commerce pour conduire des investigations sur le désastre. Il possède désormais tout pouvoir pour recevoir les récits des acteurs et témoins de cette tragédie, afin d'en déterminer les causes et d'en tirer les conséquences.

---

de physique en 1909, « en reconnaissance de ses contributions au développement de la télégraphie sans fil ». De fait, il doit cette consécration à la première transmission radio transatlantique qu'il a réussie entre Signal Hill, à Saint-Jean de Terre-Neuve, au Canada, et Poldhu, dans le sud des Cornouailles, en Angleterre. Précisons qu'il partage le Nobel avec le physicien Karl Ferdinand Braun. Considéré comme l'un des pères de la radio, il a largement contribué à révolutionner les communications, notamment sur mer. Il est emporté par une crise cardiaque à Rome, le 20 juillet 1937.

Les interrogatoires ont l'avantage de recueillir presque sur le vif 82 témoignages, auprès de 53 sujets britanniques et de 29 Américains, seulement treize heures après l'arrivée du *Carpathia*, au terme de dix-huit journées intenses.

26. L'énigme Ismay

« Nous n'avons rien à dissimuler ; rien à cacher. »

Joseph Bruce Ismay
(En introduction de son témoignage
devant la Commission d'enquête américaine.)

L'ouverture de la première séance d'audition, le 19 avril 1912, moins de cinq jours après la catastrophe, attire une foule curieuse et la presse internationale, d'autant que vont être entendus Bruce Ismay, patron de la compagnie White Star Line, propriétaire du *Titanic*, et surtout Arthur Rostron, le capitaine du *Carpathia*, à propos duquel on ne sait alors rien.

D'aucuns vont déplorer que Bruce Ismay ne montre pas plus de compassion que celle exprimée très brièvement avant son audition. Joseph Conrad, qui avoue ne pas se ranger dans la catégorie « sentimentale », aurait aimé, à la fin de l'enquête, entendre celui qu'il nomme Yamsi exprimer un regret authentique et sincère[1].

1. Joseph Conrad, *Le Naufrage du* Titanic, Paris, Arléa, 2011.

Or, de l'avis général des passagers du *Titanic* et des membres de son équipage qui ont assisté à son intervention incontestablement utile pendant l'évacuation, cette dimension humaine, il l'a pourtant montrée dès l'annonce de la condamnation de son navire. Ismay s'est révélé être tout le contraire d'un homme dur et intraitable.

Devant les enquêteurs américains, il évoque les heures suivant la collision : il quitte sa cabine, vêtu seulement de son pyjama, d'un manteau et de chaussons. Un steward lui annonce qu'ils ont heurté de la glace et le capitaine lui confie ses doutes : le navire est sérieusement endommagé, ce que lui confirme Bell, l'ingénieur en chef.

Ismay remonte sur le pont, où il entend Smith donner l'ordre d'embarquer les femmes et les enfants dans les canots. Le patron oriente des passagères vers les embarcations, demande aux hommes de rester à l'écart pour le moment : « Soyez aimables de faire une haie pour permettre aux dames de passer[1]. »

Ismay trouve que les opérations de mise à l'eau prennent trop de temps, tandis que le navire coule progressivement. Au cinquième officier Harold Lowe, il ordonne alors, d'un ton sec : « Plus vite ! Descendez-les plus vite[2] ! » Agacé, l'officier, qui ne connaît pas Ismay, réplique : « Si vous

1. Témoignage du steward Henry Samuel Etches, le 27 avril 1912, devant la Commission d'enquête sénatoriale américaine.

2. Témoignage de Harold Lowe, le 24 avril 1912, devant la Commission d'enquête sénatoriale américaine.

vouliez bien foutre le camp d'ici, j'arriverais peut-être à faire quelque chose ! Vous voulez que je les descende plus vite ? Vous allez me les faire tous noyer[1] ? »

Vers 1 h 45, le voici quelque peu contraint à grimper à bord du canot pliable C, la dernière embarcation affalée à tribord : à quelques minutes de la fin du *Titanic*, Ismay refuse toujours d'évacuer, même si on lui dit qu'il n'y a plus de femmes à proximité. C'est finalement Henry Wilde, le commandant en second, un solide gaillard, qui le prend à bras le corps pour le déposer dans l'embarcation.

Devant la Commission d'enquête sénatoriale américaine, le patron de la White Star Line explique qu'il a bien reçu le message d'alerte du *Baltic*, mais qu'il l'a rendu plus tard au capitaine, vers 19 h 10 : « J'étais assis au fumoir quand le capitaine Smith est entré dans le salon et m'a aperçu. Il m'a demandé si j'avais encore le télégramme qu'il m'avait remis dans l'après-midi. J'ai donc sorti le document de ma poche avant de le lui tendre. Il m'a simplement dit qu'il allait l'afficher dans la salle des cartes des officiers. » Il reconnaît qu'il savait que le *Titanic* allait pénétrer dans la zone concernée par les alertes à la glace au cours de la nuit de dimanche.

L'homme, cible d'attaques depuis le retour à New York et toujours bouleversé par la tragédie, est mis à rude épreuve et il commet l'erreur de demeurer évasif, comme

1. Témoignage de Harold Lowe, le 24 avril 1912, devant la Commission d'enquête sénatoriale américaine.

s'il éludait l'affaire, donnant le sentiment de s'en désintéresser.

Près de lui se tiennent Philip A. S. Franklin, vice-président américain de la compagnie, et Charles Lightoller, le second officier du *Titanic*. La présence de gardes du corps n'est pas surprenante, au vu de l'événement médiatique et du rôle, réel ou supposé, d'Ismay sur le *Titanic*.

Le patron de la White Star Line, désabusé, tente une fois de plus de contrer les rumeurs qui lui prêtent d'avoir ordonné au commandant Smith de pousser les machines. Pourtant, en dépit des témoignages de marins qui confirment techniquement le sien, c'est peine perdue.

De même, une fois encore, il doit répondre à l'accusation pourtant infondée d'avoir été parmi les premiers à évacuer le *Titanic*, aux dépens de l'ordre de priorité établi, à savoir les femmes et les enfants d'abord. D'aucuns persistent à lui reprocher de s'être sauvé à bord du premier canot, protégé par des marins[1]. On le surnomme « Brute » Ismay. Les calomnies pleuvent. La presse s'en donne à cœur joie. Les journaux regorgent de rumeurs et de caricatures au désavantage d'Ismay ; la cabale lancée à son encontre est notamment animée par William Randolph Hearst, patron du *Washington Times* – celui-ci voue une haine tenace à Ismay depuis qu'il lui a refusé des informations sur la White Star Line, et n'hésite donc pas un

1. « Ismay condemned for taking boat », *Washington Times*, vendredi 19 avril 1912.

instant à s'acharner sur lui. Dans une tribune, Hearst va jusqu'à louer les mérites des héros « restés à bord du navire en détresse avant d'être engloutis avec lui », et termine par : « Qui pourrait préférer vivre comme un lâche que de mourir comme un héros ? »

Cette attaque déstabilise Ismay, d'autant plus que la Commission d'enquête lui reproche d'avoir fait la part belle à la réclame qui vante l'insubmersibilité du navire au détriment de la sécurité et d'avoir ainsi ordonné l'accélération du paquebot dans une zone rendue dangereuse par la présence d'icebergs.

Le lendemain, le patron de la White Star Line déclare, devant les sénateurs, qu'à l'avenir les paquebots de l'International Mercantile Marine Co. comporteront les moyens nécessaires à la sauvegarde de tous les passagers et des membres d'équipage.

Au moment où la question du marconigramme d'alerte à la glace est évoquée, Ismay déclare en avoir discuté avec la passagère de première classe Mme Ryerson. Cependant, il nie avoir requis que l'on allume des chaudières supplémentaires pour gagner en vitesse, ce que son interlocutrice soutient. Il précise devant la Commission d'enquête américaine : « De toute façon, la météo étant satisfaisante et le temps clair, le capitaine pouvait légitimement accélérer l'allure de son navire sans le mettre en danger, justement pour nous éloigner de la zone suspecte. »

En attendant, il a été demandé aux vigies de renforcer leur vigilance à cause de la glace. On sait seulement que le capitaine Smith a ordonné à Lightoller, alors de quart, de ralentir le navire si on observait de la brume, même légère[1]. Il lui a même précisé que, en cas de doute, il devait être consulté.

Il faut toutefois se rendre à l'évidence que, cette nuit-là, il faisait exceptionnellement clair, qu'il n'y avait pas la moindre trace de brume. Par conséquent, le navire a conservé sa vitesse, une vitesse en constante progression depuis Queenstown et qui devait osciller à près de 21 nœuds, soit environ 39 km/h au moment de la collision…

À son tour, Harold Lowe, le cinquième officier du *Titanic* connu pour son franc-parler, affirme devant la Commission d'enquête américaine que la vitesse du navire était inférieure à 21 nœuds, plus précisément à 20,95 nœuds.

Si les Commissions d'enquête américaine et britannique écartent la responsabilité d'Ismay, sa réputation demeure souillée et sa vie brisée.

1. Témoignage de Charles Lightoller, le 19 avril 1912, devant la Commission d'enquête sénatoriale américaine.

27. L'émotion Rostron

« Toute noblesse vient de l'humilité. »

Lao Tseu

Arthur Rostron est le deuxième témoin à être entendu ce 19 avril.

À l'appel de son nom, c'est un homme très discret jusque-là qui se lève dans le silence. Il est vêtu de son uniforme de capitaine de la Cunard. Dans la salle bondée, les conversations cessent progressivement et le brouhaha cède la place à un profond silence.

À la question du sénateur Smith qui lui demande sa profession, Rostron répond simplement : marin. Le capitaine décrit sans fioritures des scènes imprimées dans les esprits. Il a tout consigné, pratiquement à chaud.

Les portraits que dressent de lui les journaux, pourtant peu objectifs, concordent tous ; tous sont séduits par ce personnage vrai et hors normes qu'ils qualifient néanmoins d'humble et courageux dans leurs éditions du 20 avril 1912. Ainsi, le *New York Times* voit en lui un homme « déconcertant et sensible », mais accable Bruce Ismay qu'il juge « décontracté » et même « débonnaire » pendant sa déposition, un Ismay qui apparaît visiblement « nerveux » au regard du *Boston Globe*.

Rostron répond calmement aux questions, que ce soit sur sa carrière ou sur ses actions après avoir reçu le message de détresse du *Titanic*, puis remet au Comité la liste des ordres donnés et exécutés pendant la folle course du *Carpathia* vers le lieu du naufrage.

« J'ai pris cette initiative en toute conscience des dangers que j'allais rencontrer et auxquels j'exposais mes passagers, mon équipage et mon navire. Toutefois, je savais ce que je faisais et j'ai d'ailleurs pris les précautions que ces périls m'imposaient. En outre, j'ai pris ce risque pour une raison plus qu'importante : pour sauver des vies ! À mes yeux, il s'agissait d'une priorité absolue ! »

Le président Smith le félicite pour ce sauvetage[1].

Le *New York Times* écrira le lendemain que le capitaine « savait comment raconter son histoire, à sa façon particulière », c'est-à-dire sans emphase et en toute simplicité.

L'une des questions centrales de Smith concerne les difficultés rencontrées par le *Carpathia* au niveau de la communication. La réponse de Rostron est sans ambiguïté : « Dès l'instant où j'ai pris en charge toute cette

1. C'est à l'issue de son audition, le 19 avril 1912, que le capitaine Arthur Rostron est vivement félicité par le sénateur William Alden Smith, président de la Commission d'enquête sénatoriale américaine.

affaire, j'ai donné des ordres pour que chaque message envoyé le soit sous mon autorité ; aucun ne devait l'être sans mon autorisation. Mes ordres ont été les suivants : en tout premier lieu, les deux messages officiels adressés à la Cunard et à la White Star pour les informer de l'accident, leur expliquant avec quel nombre approximatif de passagers je rentrais à New York. Après ces deux messages, j'ai envoyé un télégramme à l'Associated Press en employant pratiquement les mêmes termes. Ensuite, nous avons commencé à transmettre les noms des passagers de la première classe, via l'*Olympic*, dans la soirée de lundi. Après ça, nous avons télégraphié la liste des rescapés de la seconde classe, puis nous avons perdu le contact. »

Lorsqu'il est interrogé à propos d'un télégramme de la Maison Blanche concernant le major Butt, il répond qu'il ignorait tout de « la tentative du Président des États-Unis d'entrer directement en contact avec son navire ». Smith insiste : « Je suppose qu'il n'y avait pas d'intention d'ignorer son message. » « J'espère que non », le coupe Rostron. « Ou de le négliger ? » ajoute Smith. « Rien de tel, monsieur », réplique Rostron sur un ton tranquille.

Interrogé sur une supposée censure imposée aux échanges radio, Rostron répond : « Il n'y a eu absolument aucune censure, du moins imposée par une autorité supérieure. Je contrôlais les communications qui était subordonnées à mes ordres. D'abord les messages officiels, suivis des listes des survivants, passagers et membres d'équipage du *Titanic*, puis les rescapés du *Titanic* pouvaient solliciter la radio pour envoyer leurs propres messages. »

Concernant le nombre apparemment insuffisant de canots de sauvetage, Rostron défend le *Titanic* en expliquant que cela se justifie par les progrès accomplis dans la construction navale, des progrès qui rendent les navires insubmersibles ou presque.

Cela semble étrange aux yeux de Smith, qui insiste : « La réglementation vous impose de disposer de 20 canots et le *Titanic*, tout en étant d'une plus grande capacité que vous en nombre d'occupants, n'a pas eu à en emporter plus de 20. N'est-ce pas la démonstration que la réglementation est dépassée ? » Il est vrai que la question se pose quand on sait que le *Carpathia* annonce 13 600 tonnes et le *Titanic*, 45 629 tonnes.

Rostron répond au sénateur Smith que la modernité du *Titanic* et des vaisseaux de sa génération, voire un peu plus anciens, permet de limiter le nombre d'embarcations de secours car, précise le commandant du *Carpathia*, « ces paquebots sont eux-mêmes des bateaux de sauvetage. Ils sont supposés être conçus – et les architectes navals l'affirment – pour être insubmersibles sous certaines conditions, que j'avoue ne pas connaître exactement. Par exemple, le navire peut flotter même en cas d'inondation de plusieurs compartiments. Ces normes concernent des navires comme le *Titanic*, pas le nôtre, plus ancien, d'où le nombre de canots de sauvetage que nous devons emporter. »

Lorsque les sénateurs axent leurs questions sur les spécificités du *Titanic*, Rostron répond honnêtement qu'il ne connaît pas le navire, ni les pratiques du capitaine Smith ou de la White Star Line, pas plus qu'il ne saurait raconter la collision. Il n'y était pas.

Rostron achève son témoignage devant les sénateurs William Alden Smith et Francis G. Newlands à 13 h 20, le vendredi 19 avril, avant de reprendre la mer à bord du *Carpathia*, deux heures et quarante minutes plus tard.

Le *Carpathia* est ainsi resté à quai pendant dix-neuf heures, ce qui a laissé à son capitaine le temps de dormir un peu, d'être entendu par la Commission sénatoriale, de rencontrer les dirigeants de la Cunard et de rédiger un compte-rendu du sauvetage à l'intention de sa compagnie et de la presse.

Comme prévu, le *Carpathia* quitte New York, avec la grande majorité des passagers qui étaient présents lors du sauvetage, à l'exception de 16 d'entre eux, qui préfèrent rester à quai. 8 personnes les ont néanmoins remplacés.

28. Le temps des honneurs

« L'homme libre ne s'embarrasse de rien,
même pas de l'honneur. »

Emil Cioran,
Cahiers 1957-1972

Le 29 mai 1912, quand le *Carpathia*, de retour de Naples, accoste à son quai new-yorkais pour la première fois depuis qu'il y a débarqué les survivants du *Titanic*, le capitaine Rostron doit gérer une montagne de courrier, des milliers de lettres contenues dans douze grands sacs, sans parler des centaines de paquets. Ces courriers de remerciements, élogieux, attendrissants et émouvants, émanent des survivants, de leurs proches ou de leurs amis. D'autres proviennent de lecteurs des journaux qui ont fait leurs titres de l'affaire *Titanic* et qui veulent signifier leur admiration au capitaine Rostron.

Pendant cette semaine d'escale à New York, le navire de la Cunard accueillera des centaines de visiteurs, dont de nombreux rescapés du naufrage qui souhaitent remercier encore son capitaine et son équipage pour sa bravoure.

À 10 h 30 du matin, le premier jour de son retour à New York, après avoir débarqué ses passagers, Rostron rassemble dans la salle de restaurant de la première classe tous les membres de son équipage qui ont participé au sauvetage du *Titanic*, ainsi que le souhaitent les membres du Comité formé le 17 avril sur ce même *Carpathia* par les représentants des rescapés qui tiennent à honorer leurs sauveurs, en tête desquels le capitaine Rostron.

Sur les 320 membres de l'équipage original, 70 ont quitté le navire lors d'une escale. Ils ont été remplacés, mais les 250 membres présents lors du sauvetage sont là.

Le Comité a passé commande de médailles en or, en argent et en bronze destinées au capitaine, aux officiers et aux membres de l'équipage du *Carpathia*. Sur une face, le dieu Neptune et des dauphins dominent la scène de récupération des canots de sauvetage du *Titanic* par le *Carpathia* parmi les icebergs. Au dos figure l'inscription suivante : « Au Capitaine, aux Officiers et à l'Équipage du RMS *Carpathia* en reconnaissance de leurs vaillants & héroïques services, de la part des survivants du SS *Titanic*, 15 avril 1912. »

Le Comité offre à Rostron une coupe d'argent et une bourse d'or renfermant 5 400 dollars[1] collectés auprès des rescapés de première et seconde classe avant l'arrivée du *Carpathia* à New York. L'argent est réparti entre les officiers et les membres d'équipage du *Carpathia*, Rostron recevant 500 dollars.

1. Ce qui représente environ 175 000 dollars en 2025.

Les États-Unis veulent encore aller plus loin pour marquer la reconnaissance de la nation envers Rostron et l'équipage du *Carpathia*. On sait que la médaille d'honneur du Congrès est la plus haute distinction américaine et la plus prestigieuse, mais seulement remise à un militaire américain pour un haut fait d'arme face à l'ennemi. Étant britannique, Rostron ne peut donc pas la recevoir en principe, mais une exception sera faite pour ce héros, à titre civil.

En août 1912, le président Taft invite des artistes déjà sélectionnés à lui soumettre leurs projets, afin qu'il désigne l'heureux lauréat. Cet honneur revient au sculpteur new-yorkais John Flanagan, qui exécute le portrait de profil du capitaine Rostron, en uniforme, qui figurera sur la médaille. Sur l'endroit, on peut y lire : « For the heroic rescue of the survivors of the *Titanic* lost in mid-Atlantic, the thanks of the Congress of the United States to Arthur Henry Rostron », c'est-à-dire en français : « Pour le sauvetage héroïque des survivants du *Titanic* perdu au milieu de l'Atlantique, les remerciements du Congrès des États-Unis à Arthur Henry Rostron. » Le revers comporte la date : APRIL XIV MCMXII, et une allégorie où deux hommes sont représentés dans un bateau, l'un d'eux lançant un filin à un autre dans l'eau.

La cérémonie organisée à la Maison Blanche en l'honneur de Rostron se déroule dans la salle Est, la pièce la plus vaste de la résidence présidentielle, au premier étage : elle est dédiée aux réceptions, en présence du sénateur

Smith, de tous les membres du cabinet du Président et d'éminentes personnalités.

À la suite de cette cérémonie très inhabituelle, une autre, tout aussi solennelle, attend Rostron à l'ambassade de Grande-Bretagne où James Bryce lui remet l'American Cross of Honor, une distinction créée par l'Américain Thomas H. Herndon en 1898 et reconnue par le Congrès en 1906 ; elle récompense chaque année celui ou celle qui a accompli l'acte le plus héroïque pour sauver une vie.

La White Star Line tient également à honorer le capitaine et l'équipage du *Carpathia* et, après en avoir demandé l'autorisation à la Cunard, remet une somme de 500 livres à Rostron et 250 livres au médecin Frank McGee, au commissaire de bord Ernest Brown et au chef steward Evan Hughes ; à cela s'ajoute le versement d'un mois de salaire à chaque membre de l'équipage présent lors du sauvetage.

Le capitaine Rostron et, dans une moindre mesure, l'équipage du *Carpathia* sont ainsi récompensés par plusieurs instances. Dans ses Mémoires, Rostron tiendra néanmoins à rappeler que c'est l'opérateur radio Harold Cottam « qui a placé mes pieds sur l'échelle du succès ».

29. Les lauriers britanniques

> « Les hommes qui prennent de grands risques
> doivent s'attendre à en supporter souvent
> les lourdes conséquences. »
>
> Nelson Mandela,
> *Un long chemin vers la liberté*

Une enquête est lancée en Grande-Bretagne à l'initiative du *Board of Trade*, le ministère du Commerce, le 2 mai 1912 : propriété d'une corporation américaine, le *Titanic* a été assemblé selon des normes britanniques et naviguait suivant des réglementations britanniques. Elle durera jusqu'au 3 juillet 1912.

La Commission est présidée par un magistrat, Sir John Charles Bigham, le baron Mersey of Tixteh, commissaire aux naufrages, épaulé par cinq assistants. Ils entendent 87 témoins et reprennent la plupart des questions posées par les Américains, cherchant à préciser davantage certains points concernant la conception du navire, la navigation pendant la traversée fatale et les négligences liées aux avertissements reçus en rapport avec la présence de champs de glace.

L'impréparation apparaît flagrante lors de l'audition, à commencer par l'absence d'alarme générale. Par ailleurs, l'équipage, dont la plupart des membres ont seulement embarqué la veille de la traversée sur le paquebot nouveau et donc inconnu, connaissait peu le système de bossoirs et s'était révélé indécis au moment de la délicate évacuation des passagers. Le flottement à propos du pont d'embarquement à utiliser semble également incompréhensible[1].

L'objectif de cette Commission n'est pas de désigner des coupables ou des innocents, mais d'accorder la priorité à l'établissement des actions qui peuvent être considérées comme correctes et normalement effectuées, et de celles qui ne l'ont pas été.

Plusieurs questions délicates sont posées ; par exemple, a-t-on empêché les passagers de troisième classe d'accéder aux canots ? Ou encore : le *Californian* a-t-il (délibérément) ignoré les signaux de détresse du *Titanic* ? La Commission

1. En règle générale, l'évacuation doit s'effectuer par le pont des embarcations, le plus élevé, là où se situent les bossoirs et les canots. Cependant, pour des raisons pratiques, il a été décidé d'utiliser le pont promenade juste en dessous, mais il se trouve que l'équipage du *Titanic*, encore peu habitué au grand navire et à ses aménagements, ignorait qu'une partie de ce pont avait été fermée et vitrée. D'où une nouvelle perte de temps et des hésitations. Sur l'*Olympic*, la promenade de première classe du pont A est complètement ouverte, contrairement au *Titanic* où elle est fermée sur la moitié de sa longueur.

se montre très dure avec le capitaine Lord et le *Californian*[1]. Lord Mersey affirme que le navire « aurait pu sauver un grand nombre, si ce n'est tous les naufragés disparus ».

Contraint à la démission, Stanley Lord quittera donc la compagnie Leyland et entrera au service de la Nitrate Producers Steam Ship, où il fera par la suite une longue carrière.

La Commission ne trouve aucun reproche à formuler à l'encontre de Bruce Ismay, qui est lavé de toute faute. Si les membres posent plus de mille cinq cents questions à Lightoller, elle écoute aussi les explications de Sir Cosmo et de Lady Duff Gordon, que les journaux avaient montré du doigt pour s'être éloignés du *Titanic* avec seulement trois autres passagers et sept marins, mais également pour avoir versé un mois de salaire à chacun de ces derniers – ce geste a été expliqué parce que ceux-ci avaient tout perdu dans le naufrage et ne seraient pas payés.

1. Tout se ligue contre Lord, à commencer par son cynisme et son ton arrogant quand il s'exprime. En outre, les membres de la Commission britannique pensent que les deux navires étaient proches ; ils ignorent encore que le *Californian* et le *Titanic* étaient en réalité éloignés l'un de l'autre de plus du double de la distance estimée. Le *Californian* n'aurait en tous les cas pas pu se porter au secours des occupants du *Titanic* (voir chapitre 18, « La terrible confusion »). De fait, quand le capitaine Stanley Lord comparaît devant la Commission britannique, le 14 mai 1912, l'opinion de son président, Lord Mersey, est déjà bien arrêtée et penche vers la culpabilité de négligence du marin.

En conclusion, la Commission juge que le *Titanic* naviguait à une vitesse trop élevée dans une région à risque. Elle estime également que la veille n'a pas été assurée de façon efficace, de même que la manœuvre des canots de sauvetage dénote un manque d'entraînement de la part de l'équipage. En revanche, elle ne se prononce pas sur le nombre de canots de sauvetage. Étant une émanation directe du ministère du Commerce britannique, responsable de n'avoir pas actualisé les règles, elle reste muette à ce propos.

Il n'y a pas non plus de blâme à l'encontre de la White Star Line, que la menace de nombreux procès aurait assurément ruinée, ce qui aurait été préjudiciable à la réputation de la marine commerciale anglaise.

La Commission d'enquête se conclut avec plusieurs recommandations, afin que les sauvetages puissent être réalisés dans de meilleures conditions à l'avenir ; si aucune erreur de conception n'a été relevée par les experts, en revanche il est trouvé regrettable que le double fond n'ait pas été prolongé jusqu'à la ligne de flottaison.

Les critiques les plus sévères visent les radios du *Titanic* : le 14 avril, ils ont reçu cinq messages d'alerte à la glace, dont quatre ont été transmis à la passerelle. Toutefois, le cinquième, émis par le *Masaba*, n'a pas eu de suite. Un autre message expédié par le *Californian* une heure avant la collision est également resté lettre morte.

30. Le dernier voyage

« En disant adieu à cette incomparable beauté,
je me sentais abattu jusqu'à la mort ;
et c'est pourquoi, quand chacun
de mes compagnons dit : "Enfin !"
je ne pus crier que : "Déjà !" »

Baudelaire,
« Déjà ! », *Petits poèmes en prose*

Rostron conserve encore le commandement du *Carpathia* pendant dix mois avant de passer sur le *Caronia*, puis, en 1913, sur le *Carmania*, le *Campania* et, en octobre de cette année-là, sur le *Lusitania* en qualité de suppléant du commandant James W. T. Charles. Il est amusant de constater que cet arrangement libérait du temps à Charles, comme membre de la Royal Commission on Life Saving Apparatus at Sea (la Commission royale d'étude des équipements de sauvetage en mer), pour travailler sur les questions soulevées lors de la tragédie du *Titanic*.

Commandant de différents navires lors de la Première Guerre mondiale, Rostron est nommé capitaine de réserve dans la Royal Navy en décembre 1918 et reprend le service maritime normal en juin 1919, à bord du *Mauretania*, toujours fleuron de la Cunard. Il assure ainsi la liaison vers New York jusqu'en juillet 1928, où il obtient enfin sa consécration de marin en étant appelé à la fonction suprême de Commodore de la flotte de la Cunard, une décision que personne n'aurait osé contester.

Malheureusement, en mai 1931, alors qu'il navigue encore sur le RMS *Berengaria*, on lui signifie que sa carrière aura une fin prématurée ; quoique certainement pris de court par cette mesure qui avance l'âge de la retraite de soixante-trois à soixante ans, une mesure annoncée alors qu'il effectue ce qui va donc être son dernier voyage, Sir Arthur Rostron s'y résout sans émettre le moindre commentaire.

C'est ainsi. C'est fini !

On pourra écrire qu'Arthur Rostron a été l'incarnation idéale du marin anglais. On précisera surtout qu'il a été un honnête homme, un brave homme, un homme de caractère aussi, un capitaine responsable qui n'a jamais manqué ses rendez-vous avec le courage et ne s'en vantait pas car, selon lui, ça n'intéressait personne, du moins jusqu'au naufrage du *Titanic* où l'Angleterre découvrit qu'elle n'avait pas besoin de la littérature romanesque pour compter des héros véritables. Arthur Rostron a honoré son métier.

Lui, un héros ? Le mot ne lui viendrait pas à l'esprit. Il faut savoir qu'en mer, répondre à un SOS en naviguant au plus vite au secours d'un navire en détresse relève du devoir sacré depuis toujours.

Son exploit accompli, Rostron a souhaité s'esquiver dans l'anonymat. Ne le voit-on pas, après son arrivée à New York, fuir l'objectif d'une caméra ? La gloire ne l'intéressait pas. Certes, il a accepté les honneurs amplement mérités parce que partagés avec son équipage et son navire. De fait, cet homme qui parlait peu n'a jamais revendiqué l'honneur de ce sauvetage. Il l'a finalement attribué à Dieu qui, « cette nuit-là, tenait la barre ! ».

Arthur Rostron a eu un destin à part, du moins un de ceux qui se distingue par quelque accomplissement extraordinaire et surtout par sa dimension bénéfique et désintéressée. Sa vie ne se résume pas au sauvetage extraordinaire du *Titanic*, mais elle l'explique.

La personnalité de ce marin, homme foncièrement honnête, droit et croyant, attaché à des principes élémentaires et forts, a donc infléchi le cours d'une tragédie, en a limité les terribles conséquences, réduisant d'un tiers les pertes humaines, ce qui est considérable.

Il pourrait passer pour un parfait inconnu si une actualité « *Titanic* » ne le renflouait pas régulièrement de l'oubli où il a été injustement laissé depuis pratiquement le jour du sauvetage le plus célèbre de l'histoire. Certes, ses pairs modernes l'évoquent parfois avec révérence, celle que l'on réserve généralement à des héros magnifiés, sans pour autant que le public réagisse.

Pudique, pas prétentieux, très pieux, intransigeant avec lui-même, il le demeure jusqu'à cet ultime battement de cœur qui va propulser son âme vers ces étoiles qui avaient scintillé si haut dans l'infini pendant la nuit du *Titanic*.

La mort qu'il ne redoute pas prend la forme d'une pneumonie qui l'emporte à l'âge de 71 ans, le 4 novembre 1940, après qu'un malaise l'a conduit au Cottage Hospital de Chippenham, dans le Wiltshire. Il rendait alors visite à sa fille à Calne, dans le Wiltshire, en compagnie de sa chère Ethel Minnie, laquelle le rejoint dans la tombe trois ans plus tard. Elle repose à ses côtés au cimetière du Village de West End, dans les faubourgs de Southampton.

Une inscription sur sa tombe rappelle son exploit sous la forme d'un nombre : 706 vies sauvées.

Paradoxalement, on n'enterre pas un marin. Certes, on peut déposer son corps au tombeau, mais son esprit poursuit le voyage, sur un océan bien plus vaste où, cette fois, le temps est définitivement aboli.

Bon vent, capitaine Rostron !

Sceaux, le 28 août 2024

Annexe - Un bilan très lourd

Le *Titanic* avait officiellement à son bord un total de 2 223 personnes, dont 531 femmes et enfants, et 1 692 hommes. 706 personnes ont été sauvées (374 femmes et enfants, 332 hommes). Les pertes officielles font état de 157 femmes et enfants, et de 1 360 hommes, soit 1 517 victimes.

Le nombre de passagers sur le *Titanic* n'a jamais été établi, les chiffres suivants sont issus d'une estimation.

En première classe, parmi les 329 passagers (156 femmes et enfants, et 173 hommes), 199 personnes ont survécu (145 femmes et enfants, 54 hommes).

En deuxième classe, sur les 285 passagers (128 femmes et enfants, 157 hommes), 119 personnes ont été sauvées (104 femmes et enfants, et 15 hommes).

En troisième classe, parmi les 710 passagers (224 femmes et enfants, 486 hommes), 174 personnes ont survécu (105 femmes et enfants, 69 hommes).

Au total, 508 femmes et enfants, ainsi que 816 hommes avaient embarqué, soit 1 324 passagers.

Du côté de l'équipage, on dénombrait 899 membres (23 femmes et 876 hommes) dont 214 ont survécu (20 femmes et 194 hommes)

Après la Commission sénatoriale américaine, la Commission britannique établit un premier bilan légèrement différent, lequel sera revu et affiné par la suite, notamment grâce aux recherches menées par le colonel Archibald Gracie, survivant du naufrage. Malgré les efforts déployés à l'époque des deux côtés de l'Atlantique, il apparaît impossible de fournir des chiffres définitifs. L'Encyclopedia Titanica demeure néanmoins la meilleure référence car elle ne cesse d'enrichir ses archives et d'approfondir les sujets liés au célèbre paquebot. De fait, comme il n'existe aucune liste officielle vraiment crédible, on ne peut qu'avoir une idée d'ensemble des occupants du *Titanic* (passagers et membres d'équipage). En effet, il faut compter avec les passagers clandestins, ceux qui voyageaient sous un faux nom, les personnes dont les prénoms et les noms ont pu ensuite tromper les autorités quant à leur sexe, etc. Les erreurs concernent également le nombre exact de rescapés dont il a été ardu de faire le compte, d'autant plus que la plupart ne s'exprimaient pas en anglais. Peut-être connaîtra-t-on un jour les chiffres définitifs…

Bibliographie

BEESLEY, Lawrence, *Loss of the SS Titanic,* Kessinger Publishing, Whitefish, Montana, 2010.

BISSET, Sir James, *Tramps and Ladies: My Early Years in Steamers*, avec Percy Reginald Stephensen, Criterion Books, New York, 1959.

CLEMENTS, Eric L., *Captain of the Carpathia*, Conway/ Bloomsbury Publishing, Londres, 2016.

EATON, John P. et Charles A. HAAS, *Titanic, Triumph and Tragedy*, W. W. Norton & Company, New York, 1986.

EATON, John P. et Charles A. HAAS, *Titanic – Destination Disaster: The Legends and the Reality*, Haynes Publishing, Sparkford, Yeovil, Somerset, 2011 (première édition, 1987).

FERRULI, Corrado, *Titanic : l'aventure, le mystère, la tragédie*, Hachette Collections, Paris, 2003.

GELLER, Judith B., *Titanic: Women and Children First*, W. W. Norton & Company, New York, 1998.

GRACIE, Archibald et Jack THAYER, *Rescapé du Titanic* suivi de *Le Naufrage du Titanic*, Éditions Ramsay, Paris, 1998 (première édition, 1913).

HALPERN, Samuel, Cathy AKERS-JORDAN, George BEHE, Bruce BEVERIDGE, Mark CHIRNSIDE, Tad FITCH, Dave GITTINS, Steve HALL, Lester J. MITCHMAN, Charles WEEKS et Bill WORMSTEDT, *Report into the Loss of the SS Titanic : A Centennial Reappraisal*, The History Press, Cheltenham, Royaume-Uni, 2011.

LIGHTOLLER, Charles, *Titanic and Other Ships*, Ivor Nicholson & Watson, Londres, 1935.

LUDOWYKE, Jay, *Carpathia*, Hachette Australia, Sydney, 2018.

PEISSON, Edouard, *Parti de Liverpool*, roman, Bernard Grasset, Paris, 1932.

PIOUFFRE, Gérard, *Le Titanic ne répond plus*, Larousse, Paris, 2009.

ROBERTSON, Morgan, *Futility, or the Wreck of the Titan*, roman, Harper Perennial, New York, 2012 (première édition, 1898).

ROSTRON, Arthur, *Titanic Hero*, Amberley Publishing, Stroud, Gloucestershire, 2011.

TICEHURST, Brian J., *The Titanic's Rescuers: Captain Arthur Rostron and the Crew of the Carpathia*, (Occasional papers No. 7), B & J Printers, 1996.

YOUNG, Filson, *Titanic*, Harper Perennial Classics, New York, 2012.

Remerciements

Il faudrait un navire de la capacité du *Titanic* pour accueillir dans une première classe unique toutes les personnes qui m'ont apporté leurs témoignages et leur soutien pendant l'élaboration de cet ouvrage. J'avoue n'être pas marin et ne pas avoir le pied marin, ce qui n'empêche pas mon admiration pour le peuple de la mer.

Je tiens tout d'abord à remercier mes éditrices, Hélène Vaveau-Schmitt, Éloïse Offredi, Lucille Hennion et Camille Serrada, pour leur gentille patience et leurs suggestions. J'ai plus qu'apprécié ce travail d'équipe qui a largement contribué à enrichir et améliorer mon texte. Ces dames, en particulier Lucille et Camille, m'ont littéralement tenu la main pour traverser l'Atlantique sans me perdre dans des envolées trop romanesques. Elles savent très bien que, même sur la mer, il faut savoir garder les pieds sur terre. Merci aussi à ma famille, pourtant éprouvée par des deuils cruels et la maladie. Ma sœur Marie-Christine et mon frère Gérard, de même que leurs conjoints, savent très bien ce que je leur dois : ils ont souvent été présents et compréhensifs, tout comme mes chers fils Grégory et Hugo. Je reconnais qu'il n'a assurément pas été amusant de côtoyer un fantôme pendant des années très laborieuses, mais ce fantôme leur est reconnaissant, ainsi qu'à nombre d'amis : Viviane et Thierry Delmotte, Frédérique Dufourc, Charlotte et Nanou, Richard Leblond, Sandrine et Christophe Reliquet, Bernard et Mireille Penelle, Jeff et Mireille Berthelot, Jean-Yves et Martine Colombelle, Dorothée Detourbet, Catherine Hervoüet des Forges, Claude Seignolle et Monique Nisse, François Blanc, mais aussi ma chère Gilda Roméo, mon médecin préféré, à laquelle je dois tant, jusqu'à la vie, et l'adorable Magali Marchant, notre vétérinaire si gentille et si dévouée. J'ai encore une pensée pour Francis Granger qui m'a beaucoup soutenu dans une période peu facile de ma vie. Enfin, je m'incline devant la personne qui a souffert, parfois autant que moi, surtout quand mon ordinateur a été piraté : ma Catherine, amie des chats, des écureuils et des mésanges.

Je souhaite enfin honorer la mémoire de deux hommes, hélas décédés, qui ont été le socle de ma vocation d'écrivain : Jean Picollec, mon premier éditeur et un ami aussi précieux que fidèle pendant plus de quarante-cinq ans, et Jean-François Barrielle, directeur érudit chez Flammarion.

À tous, merci, merci !

Maintenant, pourquoi un auteur qui consacre généralement ses ouvrages à l'aviation et à ses acteurs a-t-il fait une incursion dans le domaine maritime ?

Arthur Rostron, capitaine du *Carpathia*, m'a plu par son humilité réelle et sa foi sincère. Il aimait ce qu'il faisait et le faisait avec conscience, comme Jean Mermoz ou Antoine de Saint-Exupéry. Sans lui, qui aurait pu écrire la légende du *Titanic* ?

Certes, d'aucuns souligneront qu'Arthur Rostron pouvait avoir la tête dans les nuages quand il affirmait avoir vu des monstres marins. Pourquoi pas ? On sait encore si peu de choses sur notre monde. Cet homme entier et vrai possédait une si grande ouverture d'esprit qu'il avait assurément la capacité de croire aux miracles, au point qu'il en a même provoqué un !

Table

DU MÊME AUTEUR

Héros et héroïnes de l'aviation
Arthaud, 2007

Passionnés de l'air
Petite histoire de l'aviation légère
Arthaud, 2009 et 2011

Elles ont conquis le ciel
100 femmes qui ont fait l'histoire de l'aviation et de l'espace
Arthaud, 2009

Titanic, l'instinct de vie
Flammarion, 2012

Histoire de l'aviation
Arthaud, 2012

Lindbergh, l'ange noir
Archipel, 2013

Hélène Boucher, la fiancée de l'air
Archipel, 2014

Maurice Noguès, le rêve d'Orient
Biographie
J. Picollec, 2015

Le Dernier Vol de Guynemer
Fenixx, 2015

Le Triangle des Bermudes
et autres histoires vécues
Archipel, 2017

Amelia
Le fascinant destin de la plus grande aviatrice du monde
« Points Aventure », n° P5396, 2021

L'Épopée tragique des aviatrices allemandes
sous le IIIe Reich (1933-1945)
Vol. 1 : Les pionnières sacrifiées
Vol. 2 : Les valkyries dans la tourmente
Vol. 3 : Destins brisés
Déterna, 2024

Il était une « foi » Mermoz
L'« archange » de l'Aéropostale
Nos chères provinces, 2024

Les Éditions Points s'engagent pour la protection de l'environnement et une production française responsable

Ce livre a été imprimé en France, sur un papier certifié issu de forêts gérées durablement, chez un imprimeur labellisé Imprim'Vert, marque créée en partenariat avec l'Agence de l'eau, l'ADEME (Agence de l'environnement et de la maîtrise de l'énergie) et l'UNIIC (Union nationale des industries de l'impression et de la communication).

La marque Imprim'Vert apporte trois garanties essentielles :

- La suppression totale de l'utilisation de produits toxiques
- La sécurisation des stockages de produits et de déchets dangereux
- La collecte et le traitement de produits dangereux

RÉALISATION : NORD COMPO À VILLENEUVE-D'ASCQ
IMPRESSION : NORMANDIE ROTO IMPRESSION S.A.S. À LONRAI
DÉPÔT LÉGAL : MARS 2025. N° 150485 (2500711)
IMPRIMÉ EN FRANCE

Collection Points Aventure

Pour aller plus loin :

Site Internet : www.points-aventure.com
Page Facebook : @pointsaventure

P68. Leurs mains sont bleues, *Paul Bowles*
P454. Les Immémoriaux, *Victor Segalen*
P456. Traité du zen et de l'entretien des motocyclettes *Robert M. Pirsig*
P607. Besoin de mer, *Hervé Hamon*
P683. Balkans-Transit, *François Maspero (photographies de Klavdij Sluban)*
P736. L'Abeille d'Ouessant, *Hervé Hamon*
P1322. Mésaventures du paradis. Mélodie cubaine *Érik Orsenna (photographies de Bernard Matussière)*
P1524. Retour dans la neige, *Robert Walser*
P1557. La Colline des anges. Retour au Vietnam (1972-1992) *Jean-Claude Guillebaud, Raymond Depardon*
P1558. La Solitude heureuse du voyageur, *précédé de* Notes *Raymond Depardon*
P2110. Tabarly, *Yann Queffélec*
P3024. Avant la dernière ligne droite, *Patrice Franceschi*
P3025. Boréal, *Paul-Émile Victor*
P3026. Dernières Nouvelles du Sud, *Luis Sepúlveda (photographies de Daniel Mordzinski)*
P3027. L'aventure, pour quoi faire ?, *Collectif*
P3069. La Pointe du couteau, *Gérard Chaliand*
P3126. Le Regard du singe, *Gérard Chaliand, Patrice Franceschi Sophie Mousset*
P3192. La Mort suspendue, *Joe Simpson*
P3193. Portrait de l'aventurier, *Roger Stéphane*
P3233. Aventures en Guyane. Journal d'un explorateur disparu *Raymond Maufrais*
P3290. Mes vies d'aventures. L'homme de la mer Rouge *Henry de Monfreid*
P3291. Cruelle est la terre des frontières. Rencontre insolite en Extrême-Orient, *Michel Jan*
P3314. Le monde comme il me parle, *Olivier de Kersauson*
P4041. Clipperton. L'atoll du bout du monde *Jean-Louis Étienne*

P4042. Banquise, *Paul-Émile Victor*
P4090. Pianotrip. Tribulations d'un piano à travers l'Europe
Lou Nils, Christophe Clavet
P4091. Don Fernando. Le seigneur de l'Amazone
Fernand Fournier-Aubry
P4132. À la recherche de mon fils. Toute une vie sur les traces d'un explorateur disparu, *Edgar Maufrais*
P4133. Un long printemps d'exil. De Petrograd à Saigon. 1917-1946, *Olga Ilyina-Laylle, Michel Jan*
P4193. À la recherche de Livingstone, *Henry Morton Stanley*
P4194. Eiger, la dernière course, *Joe Simpson*
P4277. Croquis de voyage, *Joseph Roth*
P4278. Aller voir ailleurs. Dans les pas d'un voyageur aveugle
Jean-Pierre Brouillaud
P4377. Persévérer. On ne repousse pas ses limites, on les découvre
Jean-Louis Étienne
P4378. Aventures au Mato Grosso, *Raymond Maufrais*
P4418. De l'esprit d'aventure, *Gérard Chaliand*
Patrice Franceschi, Jean-Claude Guilbert
P4446. Laissé pour mort à l'Everest, *Beck Weathers*
avec Stephen G. Michaud
P4447. Les Fleuves immobiles, *Stéphane Breton*
P4498. Le Sur-vivant, *Reinhold Messner*
P4499. Paul-Émile Victor. J'ai toujours vécu demain
Daphné Victor, Stéphane Dugast
P4557. L'Aventure, le choix d'une vie, *Collectif*
P4558. Une saison de chasse en Alaska, *Zoé Lamazou*
Victor Gurrey
P4559. Mémoires *suivi de* Journal de guerre, *Roland Garros*
P4603. La vie que j'ai choisie, *Wilfred Thesiger*
P4669. Inventer sa vie, *Jean-Louis Étienne*
P4690. Trois Ans sur la dunette. À bord du trois-mâts « La Boudeuse » autour du monde, *Patrice Franceschi*
P4740. J'ai épousé l'aventure, *Osa Johnson*
P4741. Une femme chez les chasseurs de têtes, *Titaÿna*
P4790. Premières Expéditions. Quatre du Congo & Terre farouche
Patrice Franceschi
P4791. Grandes Traversées. Qui a bu l'eau du Nil & Raid papou
Patrice Franceschi
P4871. Sur la route 66, *Stéphane Dugast avec Christophe Géral*
P4892. Baïkal-Amour, *Olivier Rolin*
P4915. En radeau sur l'Orénoque, *Jules Crevaux*
P4992. Dans les pas d'Alexandra David-Néel. Du Tibet au Yunnan
Éric Faye, Christian Garcin

P5017. Des nuages plein la tête. Un pâtre en quête d'absolu
Brice Delsouiller
P5061. Seul à travers l'Atlantique, *Alain Gerbault*
P5062. La Terre magnétique, *Édouard Glissant*
P5063. Dans mes pas, *Jean-Louis Étienne*
P5064. Raga. Approche du continent invisible
Jean-Marie Gustave Le Clézio
P5165. Aux confins de l'Eldorado. La Boudeuse en Amazonie
Gérard Chaliand
P5166. Vivre libre. Le testament spirituel d'un écrivain
Henry de Monfreid
P5202. Titaÿna : l'aventurière des années folles
Benoît Heimermann
P5203. La Mer pour aventure, *Collectif*
P5204. Lawrence d'Arabie. Le désert et les étoiles
Flora Armitage
P5205. Travelling. Un tour du monde sans avion
Tangy Viel, Christian Garcin
P5257. Endurance. L'incroyable voyage de Shackleton
Alfred Lansing
P5358. Voyage sans cartes, *Graham Greene*
P5359. La Folle Équipée, *Patrice Franceschi*
P5396. Amelia. Le fascinant destin de la plus grande aviatrice du monde
Bernard Marck
P5397. Un art de parcourir le monde. Paris - Hong Kong à vélo.
11 155 km, 371 jours, 23 pays, *Florian Coupé*
P5398. Les Aventurières du ciel, *Katell Faria*
P5429. Alpinistes de Staline, *Cédric Gras*
P5430. Le Massacre des Indiens, *Lucien Bodard*
P5481. Le Tour du monde en 80 livres, *Marc Wiltz*
P5492. Routes sans lois, *Graham Greene*
P5493. L'Expédition de La Pérouse, *Jules Verne*
P5537. Patagonie dernier refuge, *Christian Garcin, Éric Faye*
P5538. Vers le pôle, *Fridtjof Nansen*
P5602. Femmes d'aventure, *Priscilla Telmon, Daphné Buiron*
Justine Muzik, Aurore Asso, Katell Faria
Mélusine Mallender, Catherine Maunoury
P5634. La Légende du baron rouge, *Stéphane Koechlin*
P5662. Nourrir la bête, *Al Alvarez*
P5922. Jusqu'au bout de la peur, *Geoffrey Moorhouse*
P5924. Les Secrets de la mer Rouge, *Henry de Monfreid*
P5925. Ma vie souterraine. Mémoires d'un spéléologue
Norbert Casteret

P6109. Seul vers l'Everest, *Earl Denman*
P6120. La Saga des Maufrais (Collector). Aventures en Guyane, À la recherche de mon fils et Aventures au Mato Grosso
Raymond Maufrais, Edgar Maufrais
P6179. Alpinistes de Mao, *Cédric Gras*
P6230. La Dernière Frontière, *Volodia Petropavlosky*
P6231. Ailes ouvertes. Carnet d'une aviatrice, *Maryse Bastié*
P6321. La Géographie et quelques explorateurs. Et autres récits d'aventure, *Joseph Conrad*
P6322. Comment partir en exploration. Et autres articles (1949)
Raymond Maufrais
P6323. Carnets d'Abyssinie, *Wilfred Thesiger*
P6324. Le Savoir de la peau, *Gérard Chaliand*
P6325. Toutes les routes possibles (Collector). Quatre du Congo, Terre farouche, Qui a bu l'eau du Nil, Raid papou
Patrice Franceschi
P6358. Mustang. Royaume tibétain interdit, *Michel Peissel*
P6359. Tendi Sherpa. Plus haut que l'Everest, *Flore Dussey*

EDGAR & RAYMOND MAUFRAIS

« Une belle histoire d'exploration qui tourne mal, de deuil impossible et d'obsession qui dure. »

Le Monde